「君にまかせたい」と言われる部下になる51の考え方

●

岩田松雄

JN122366

サンマーク文庫

文庫化にあたって

本書はベストセラーになった『「ついていきたい」と思われるリーダーになる51の考え方』の続編として書きました。ザ・ボディショップやスターバックスの経営者になる前の、日産自動車や日本コカ・コーラに勤めていた二〇代、三〇代の部下としての経験がベースとなった本です。

私自身、有能な部下であったかどうかはわかりませんが、上司からは扱いにくい部下だったことはたしかです。でも、この部下の時代の経験や失敗が、後に経営者となれた基礎になっていることは間違いありません。良き部下であることは、良きリーダーであり、良きリーダーは、良き部下であると思います。

現在コロナ禍でリモートワークが一般的になっています。これからはいちいち上司にお伺いを立てるわけにはいきません。

会社のミッションから自分の仕事の意味をしっかり考えて、個としてそれぞれ自分で判断しなくてはなりません。時には上司になったつもりで、自分で物事を決めていかなくてはなりません。

そういったときに、上司に代わって、本書のアドバイスがみなさんの助けになるのではないかと密《ひそ》かに思っています。

今回文庫化にあたって大幅に書き直しました。以前にもまして読みやすくなっていると思います。「君にまかせたい」と言われる部下になる一助になれば幸いです。

二〇二一年　猛暑　コロナ禍でのオリンピック開催中に

岩田松雄

はじめに

「ごく普通のおじさんだった！」

こんな書き出しで始まるリーダーシップの本というのは、これまでなかったのではないかと思います。

二〇一二年一〇月に刊行された拙著『「ついていきたい」と思われるリーダーになる51の考え方』（サンマーク出版）は、思いがけない評価を頂戴して、三六万部を超えるベストセラーになりました。

私は四三歳で初めてゲーム会社のアトラスという上場会社の社長になり、四七歳で「ザ・ボディショップ」の社長に、さらに五一歳で「スターバックス コーヒージャパン」のCEOを務めることができました。

講演などでこの経歴を見て、さぞやカリスマ性を持った、すごい人が来るのではないか、と期待されることが多いようなのですが、やってきた私は、ごく「普通のおじさん」。冒頭の言葉は、実際にセミナー参加者の方からいただいた感想です。

生まれつきリーダーになるようなタイプではまったくない。そんな私が、まわりの人たちに推されて社長にまでなったという事実、さらには私のリーダーに対する考え方を、前著では記しました。

今回はリーダーではなく、リーダーが求めている部下についての本を書いてほしい、というご要望を受けて生まれたのが、本書です。

大企業といえども安泰とはいえない世の中、将来を見通すことが、ますます難しい時代が到来しています。この時代に組織の中でリーダーを務めることも大変ですが、部下であるということも、思った以上に大変なことだと私は思います。

リーダーを助けるいい部下がいてくれるかどうかによって、その組織の成否が分かれるといっても過言ではないでしょう。

では、どんな部下が今、求められているのか。リーダーにとっては、部下はどんな存在であってほしいのか。どんな部下に「まかせたい」と思うのか……。

私自身、かつて部下をしていた経験がもちろんあります。そして上司として、さらには経営者、リーダーとしての経験もあります。

それらから、こんな部下であってくれたら、という思いを書き綴《つづ》りました。

初めて私の著書を手に取っていただいた方のためにも、少し自己紹介をさせてください。私は大学卒業後、日産自動車に入社しました。入社八年目に二年間、カリフォルニア大学ロサンゼルス校（ＵＣＬＡ）アンダーソンスクールに留学し、ＭＢＡを取得しました。

帰国してからは、外資系コンサルティング会社ジェミニ・コンサルティング・ジャパンのシニアコンサルタントを経て日本コカ・コーラに入社。その後、エンタテインメント企業のアトラスに転じて、入社の翌年から社長を務めました。

その後、アトラスが大手玩具メーカーのタカラ傘下に入り、タカラの常務取締役に。そして二年後にザ・ボディショップの社長、さらにはスターバックスのＣＥＯを務めました。

一見すると華やかな経歴に見えるかもしれませんが、必ずしも順風満帆なキャリアを歩んできたというわけではありません。

日産自動車時代には、ソリの合わない上司によって、誰もが行きたがらないような部門に異動させられたことがありました。

その後、社内留学制度に合格するのですが、膨大な仕事量で、ほとんどノイローゼに近い状態にまで精神的に追い込まれました。

苦悩と挫折の繰り返しの二〇代、三〇代でした。

今振り返ってみて、自分がいい部下だったかどうかは、はなはだ疑問です。一所懸命頑張ってはいましたが、鼻息ばかり荒くて、多くの壁にぶつかりました。しかし、それだけに部下として見えてきたことも多くありました。

また、上司になったときには、多くの部下に助けられました。ありがたい部下とはどんな存在か、まかせたい部下とはどういう人か、本当に数多く書きたいことがありました。

「上司といまいちウマが合わなくて……」

「上司への報・連・相の仕方がよくわからない」

「うまく上司をコントロールして、仕事を上手に進めたい」

……このような悩みを抱えている方もいるかもしれません。ぜひ、どういう部下が評価されるのか、こんなふうにしたら上司もうれしいのか、ということを発見しながら読んでいただければと思っています。

部下だった経験と、上司としての経験の両面から、理想の部下の姿について書き進めていきたいと思います。

あなたが、「君にまかせたい」と言われる部下になるための一助となれば、これほどうれしいことはありません。

目次

第2章　部下は、〝過剰サービス〟から始めなさい

「君にまかせたい」と言われる部下の「報・連・相」

第3章 部下は、完璧な仕事が求められるとは限らない

「君にまかせたい」と言われる部下の「仕事力」

第4章 部下は、背伸びや無理をする必要はない

「君にまかせたい」と言われる部下の「推進力」

第5章 部下は、上司をコントロールしてもかまわない
「君にまかせたい」と言われる部下の「上司マネジメント」

第6章 部下は、よく読み、よく学ぶべきである

「君にまかせたい」と言われる部下の「勉強法」

第7章 部下は、まず人間性をこそ高めなさい
「君にまかせたい」と言われる部下の「人間力」

編集協力……上阪 徹
株式会社ぷれす
編　集……黒川可奈子
新井一哉
（サンマーク出版）

第1章

部下は、
従順でなくても
かまわない

「君にまかせたい」と言われる部下の
「考え方」

「命に逆いて君を利する」
［説苑］

1　コツコツした努力は必ず実ると信じる

この子はきっと大物になる、と言ってくれた先生

自分のサラリーマン時代を振り返ってみると、楽しかったこと、うれしかったことも、もちろんたくさんありますが、それ以上に苦しかったこと、辛《つら》かったことも本当に数多くありました。

そんな中で、何が自分を支えてくれていたのか。それは何より**自分を信じる気持ち**だったのではないかと思います。これがあるのとないのとでは、仕事に向かう姿勢はずいぶん違ったものになります。

あなたにも、まずは自分を信じる気持ちを、ぜひ持っておいてほしいと思います。

では、どうして私がそんな気持ちになれたのか。思い返してみると、子どもの頃の出来事が影響しているように感じます。

私は小学生時代、やんちゃ坊主でした。成績は五段階評価で三や二ばかり。その

上、ケンカばかりしていました。家業が商売をしていていつも大人に囲まれて育ったので、とても生意気な子どもだったと思います。おまけに一人っ子だったので、甘やかされて育ったのかもしれません。

授業中おしゃべりをして先生の逆鱗《げきりん》に触れたことが何度もありました。

小学校四年生のときには、新任の女性の先生に「頼りないなあ」と言って泣かれてしまい、PTAで大問題になったと、両親から後で聞きました。

ところが、どういうわけだか、小学校三年生のときの担任の先生が、そんな私に「この子はきっと大物になる」と言ってくれたのです。

成績も良くないし、素行不良でしたが、先生と顔を合わせるたびにそんなことを言われると、なんとなくそうなのか、と思えてきます。褒められて、将来を期待されると、誰でもうれしくなります。

問題児の自分でも何かできるんじゃないか、という自信を与えてくれました。どこかでいつも自分を信じることができていた。先生の言葉が、自分を支えてくれていたのです。

野球部での成功体験

もうひとつ自分の中で大きかったのは、野球部での経験です。私は子どもの頃から野球が大好きだったのですが、中学には野球部はなく、高校から本格的に野球を始めました。

高校は進学校でしたが、甲子園への出場経験もあり、特にひとつ上の学年は本気で甲子園を狙うレベルでした。そんな中で、草野球レベルなのが私です。私はずっと球拾いをしたり、ブルペンキャッチャーをしたり、と裏方ばかりを務めていました。二年生になっても、上級生のいない二軍の試合にも出られませんでした。でも、私は野球が大好きだったので、練習だけは一所懸命にやっていました。

新チームになって、なんとそんな私がチームのキャプテンに選ばれてしまったのです。みんなが、驚いたと思います。聞けば、一年生が「岩田先輩をキャプテンにしてほしい」と推薦したというのです。

一所懸命に練習している姿を、OBも評価してくれていたと聞きました。

そして、下級生が育ってくるまで、私は四番を務めることになりました。一所懸命ひたむきに努力していたことが、大きく実ったのです。

後に甲子園を目指す大阪大会で四回戦まで行くことになります。強豪ひしめく大阪でベスト三二まで残れたチームでキャプテンを務めたことは、私にとって大きな自信になりました。

コツコツとした努力が実るといえば、大学時代にも経験しています。やはり、野球でした。高校の三年間、野球漬けだったこともあって、大学の野球部では早くから外野手として試合に出ることができました。ところが、私は早々に右膝の半月板を損傷してしまい、手術して一年ほどリハビリを強いられてしまいました。

復帰にあたって、私は自分自身の夢を実現したいと考えました。それは、子どもの頃から憧れていたピッチャーにチャレンジすることでした。チームメイトたちは反対しました。近畿リーグI部のチームです。チーム内の紅白試合などでもなかなか結果は出ませんでしたが、練習だけは黙々とやっていました。夏場の一〇〇〇本ダッシュ、練習が終わってからの五キロのランニング……。

そして三年生の最終戦。頑張っているから投げさせてやってくれ、とチームメイトが監督へ進言してくれて、初めて公式戦に先発。五回持たないだろうと思われていましたが、私は相手打線を二点に抑えて完投し、勝ち投手になることができたのです。

とても小さな成功体験ですが、**地道にコツコツ頑張っていると、誰かが見てくれている。どこかで花開く。**そんな思いが、こうして私の中にインプットされたのでした。

2　仕事キャリアでも「問題児」から始まった

組合に楯突いて、大騒動になる

私の仕事キャリアは、大学卒業後に入社した日産自動車から始まります。入社後、購買管理部技術課という部品メーカーの経営指導をする部署に配属になりました。直後に、日産の追浜工場の生産課勤務を命じられて、生産課実習をしました。

私の仕事は、ストップウォッチ片手に、生産性をより良くすることです。ある日、二〇〇人ほどの部下を持つ生産ラインの責任者に、夕方から打ち合わせをお願いしたいと伝えました。ところが、今日は組合活動があるから打ち合わせはできない、と断られてしまったのです。

この言葉に私はとても違和感を持ちました。

「あなたは誰から給料をもらっているんですか。組合からもらっているわけではないでしょう」と言ってしまったのです。

当時の日産自動車の組合は絶対的な力を持っていました。現場は大騒動です。「あの、本社から来た生意気な新人は何だ」と、私は工場の製造部長から出入り禁止を申し渡されてしまいました。管理職の最大の仕事は組合とうまくやっていくことでしたから、製造部長は烈火のごとく私を怒鳴りつけました。現場の改善活動どころではなくなってしまったのです。

やるべきことをやっていれば、認めてもらえる

それでも私は、自分のできることをやろうと考えました。どうすれば、より良い現場になるのか。私は外部の部品会社などにも見学に行って、どんな取り組みをしているか、調べました。

また、夜は寮の図書館で一人黙々と勉強もしました。カイゼンの生みの親の大野耐一さんの名著『トヨタ生産方式——脱規模の経営をめざして——』（ダイヤモンド社）を買ってきて、食い入るように読みました。当時、トヨタ自動車のほうが、生産性がはるかに優れていたからです。

誰かに言われたわけではありません。私は職務に忠実に、自分のやるべきことをしなければいけない、と思ったからやっていたのです。

そして外部の工場視察や勉強の成果をまとめてレポートにした、「IE（インダストリアル・エンジニアリング）通信」を定期的に発行することにしました。

私が担当していた製造ラインでも応用できそうな、さまざまなノウハウをまとめたレポートです。これを、担当ラインの責任者たちに配っていったのです。

当時は手書きのガリ版刷りが当たり前の時代でした。でも、それでは新鮮さがない。そこで私は工場内に一台だけあったワープロを使い、見やすいようにレイアウトを工夫しながら一所懸命に作成しました。

ワープロで文書を打つのは、役員資料くらいだった時代。時間もかかりました。アイツは暇だからあんなことをやっている、とも言われました。でも、新しいことにチャレンジしてみたかったのです。何よりも、手書きより読みやすいだろうと思ったからです。

「IE通信」を読んでください、と工場内に配ると、けんもほろろの対応をするライン責任者もいました。コイツは何をやっているんだ、と私をにらみつける人もいました。この若造が、と思われていたのだと思います。

ところが何号か出しているうちに、一緒に考えてみよう、と言ってくれる工長たちが現れ始めたのです。面白いことに、最初の印象がコワモテだった人ほど、通っているうちに、かわいがってくれるようになったのでした。

工場に在籍していたのは一年ほどでしたから、目に見える成果が出たわけではありません。しかし何年後かに、担当したシートの縫製ラインを見に行ったとき、とても感激しました。当時、座ってミシン作業をしているのを、作業効率と身体《からだ》への負担を考えて立ち仕事に変えるように提案していました。外部の工場で見ていいアイディアだと感じて「IE通信」に書いたことが、後に実践されていたのでした。

そしてこのときの「IE通信」が、後の尊敬する上司との出会いを生むことになったのです。

今なお尊敬する上司との出会い

私にとって今なお心の師匠ともいえる存在の上司に出会ったのは、工場勤務を終えた入社二年目のときでした。「IE通信」を見たこの上司が、コイツは自分のもとで育てたい、と思ってくださったようでした。

自らの仕事に誇りを持ち、人一倍勉強して猛烈に働く。部下に仕事を委ね、最後は責任を取る。まさにこれこそが理想の上司だ、というものを、私はこのときに学ばせてもらえたのでした。

仕事の成果を出すために鼻息荒かったのが、当時の私でした。気合が入り過ぎて、まさに興奮状態でした。それを、このときの上司はそのまま受け入れてくれたのでした。

私がびっくりしたのは、強い愛社精神でした。例えばタクシーに乗るときに、日産車が来るまで待っていて、どんなに雨が降っていても決して他社の車には乗らないのです。

あるとき、同じ部の課長と取引先の工場監査に行きました。この課長は遊び好きで、囲碁、将棋、ゴルフもみんなプロ並みで、それで役員にとりいって課長になったと言われていた人でした。どういうわけだか、監査の途中からソワソワして、私に早く終われと無言のプレッシャーをかけてきました。

私は何か用事でもあるのかと、そこそこに監査を終わらせました。すると、取引先から接待に誘われて、この課長と食事に行き、その後麻雀《マージャン》に付き合わされることになりました。

私は課長に言われるままについていっただけでしたが、翌日、私の上司は烈火のごとく怒りました。お前は何をやっているのだ、と。接待を受けるのが、お前の仕事か、と。

私にとっては、課長に誘われて行っただけでしたから、理不尽な話でもありました。結果的に怒ってもらえたことにとても感謝しています。私の将来のことを本当に心配してくれて、私を叱ってくれたからです。

3　惚れた人のために、一所懸命頑張ろうと考える

一所懸命な部下には、上司は思いを伝えたくなる

その上司が私に言ってくれた言葉を、今でも強烈に覚えています。

「好きにやれ。お前が失敗しても、日産はつぶれない」

取引先に経営指導をするのが、私の仕事でした。入社二年目で、相手の経営者にこんなことを言っていいのか、こんなお願いをしていいのか、とも思いました。しかし、そんな私の気持ちを見透かしたように、上司はこう言ってくださったのです。

私はハッ、としました。たしかにそうだと思ったのです。だったら、思い切ったことをやろう、と思いました。

若い人や取引先のいろいろな人に気を配れる人でした。部下の教育計画もしっかり作っていました。ぶれない仕事観や正義感を持っていました。

自分が初めて部下を持ち、その上司の年齢になったときに、自分は後輩の育成が全然できていない、と愕然《がくぜん》としたことを覚えています。

「好きにやれ。お前が失敗しても、日産はつぶれない」

こんな言葉が言えるのは、もし何かがあっても上司としての自分が責任を取る覚悟があるからです。そうでなければ、言えない言葉です。

では、どうして私はそんな素晴らしい上司から薫陶を受けることができたのか。それは、私が志を高く持ち、一所懸命に会社のことを思っていたからだと思います。だから上司に引っ張ってもらえたし、いろいろなことを教えてもらえたと思います。

私自身、後に経営者になり、多くの部下を持つことになりますが、目をかけていたのは、やる気があり、一所懸命さ、ひたむきさを持っている部下でした。

そういう部下には、いろいろなことを伝えたくなるのです。

一所懸命さを受け入れてくれた人のために頑張る

思えば日産自動車時代は、尊敬する上司も含めて、自分が惚《ほ》れた人のために頑張っていました。

そもそも日産自動車に入社を決めたのも、就職活動でたまたま出会った大学のOBに惚れて、一緒に仕事をしたいと思ったからです。実はもう日産自動車を断って他社に行こうと思っていたのですが、就職解禁日前日に、たまたま会ったその先輩が、仕事をバリバリこなしていて、とても魅力的な人に見え、思わずその場で「よろしくお願いします」と決めてしまったのです。

就職活動を始めるにあたって、商社、金融、メーカーの主だった会社を何十社と訪問した結果、最後は業界や会社ではなく、人に惚れて決めたのでした。

工場から本社に戻った入社二年目でも、私の問題児行動は止まりませんでした。ある中堅の部品メーカーに経営指導のための監査に行き、社長以下全員が居並ぶ場で、こんなことを言ってしまいました。

「ここは町工場《こうば》だ」

これまで自分で見てきた工場の管理レベルに比べ、かなり劣っていると感じたからでした。

しかし、目の前で話を聞いていたその部品メーカーの社長さんの顔が、みるみる真っ赤になり、「どこが町工場なのか」と怒鳴られました。

きちんとした実績を持っていた会社が、まだ入社二年目の若造に町工場扱いされたわけですから、もっともだと思います。

このときも、後でフォローしてくれたのは、先ほどの上司でした。特に私への忠告や叱責はありませんでした。

一方で、私の話を聞いてくれる前向きな会社もありました。こうなれば、私の姿勢は一気に変わります。現地に泊まり込んで、現場の人と一緒に作業着を着て、油まみれになりながら改善活動をしました。

当初はその取引先も、私の扱いに困ったと思います。それでも、毎日毎日遅くまで、いろいろな改善活動や討議をしていると、突然リーダーの専務がこう言ったのです。

「わかった。これからは考えるところは岩田さんに全部まかせる。後は我々が実行する」

私の一所懸命さが伝わったのでしょう。こんなふうに言ってくれた専務のためにもさらに頑張ろうと思いました。

気持ちは通じる、という自信をつかんだ

それから三日間、生産性を三〇％上げるライン改善活動、段取り改善活動などで、深夜まで現場の人と一緒に作業方法を見直したり、機械レイアウトの変更をしました。

後に、この会社は日産品質管理賞を受賞。さらには、名誉あるデミング賞も受賞します。私も、我がことのようにうれしく思いました。

一年ほど担当して、部署が変わるのでご挨拶に行きました。その足で向かったのは、モデルラインのある製造現場。前回訪問したときに、私はひとつのお願いをしていました。

機械加工の切りくずの出るラインを、裸足《はだし》で歩けるようになるくらい、徹底的にTPM（保全）活動を行ってほしい、と。私はそれを確認したかったのです。

現場について、驚きました。活動ぶりは予想以上でした。私は靴を脱ぎ、靴下も

脱いで、裸足で現場を歩いたのでした。

振り向くと、そこには専務の姿がありました。

「約束通り、きれいになっています。ありがとうございます」

私がそう言うと、専務の目から涙がこぼれ落ちました。一緒に必死になって改善活動をしてきた仲間として、認めてもらえたのだと私は思いました。

専務のためにも、本当にこの会社を良くしたい、という一心でした。だから、自分なりに一所懸命勉強したし、それに応えて必死になって改善活動を行っていただいた、その成果だと思いました。

この人は惚れる価値がある、と思えば、とことん頑張る。そうすれば、相手も自分を理解してくれる。相手のために必死に頑張れば、相手もまたそれに応えてくれる。

そんな経験を、私はこのときにしたのでした。

4　話せるな、と思える人には飛び込んでいく

雲の上の存在の部長に思い切って尋ねる

日産自動車時代、周囲から驚かれたことがありました。私は直属の上司でなくても、「この人は」と思える人なら、部長であろうが、役員であろうが、よく直接話を聞きに行ったからです。

当時の部長は一〇〇人以上の部下を率いていて、入社数年目の社員にすれば、雲の上の存在でした。しかも、直属の上司を飛び越えて話に行くわけですから、まわりは驚いていたのかもしれません。

しかし、聞いてみたいことがあれば、直接聞くべきだと思っていました。八割は好奇心。二割は、勉強のためでした。内心ビクビクして行ったのですが「むしろ、どんどん来てくれたほうがいい」と思っている部長もいました。

若い社員だからいいのです。これが中堅になって組織のことがわかってきたら、

なかなか踏み出せなくなる。若いときだからこそ、できることもあるのです。

ある部長に、「日産自動車の経営理念は何ですか」と聞きに行ったことがあります。

自分なりにビジネス書を読んでいると、会社には経営理念やミッションが大切だと書かれていました。では、日産自動車の経営理念は何か、知りたいと思いました。そこで、思い切って部長に聞くことにしたのでした。

部長と話をしている私を見て、課長たちも、同僚たちもびっくりしていたようでした。ましてや、問題児と呼ばれていたのが、私です。何か直訴でもされたら、と思っていたのかもしれません。

実はこのときにわかったのが、その部長も日産自動車の経営理念を答えられなかったことでした。これが、問題意識として私の胸にしまわれることになります。

思い切って上長に話を聞きに行く。疑問に思っていることを尋ねに行く。ついでに、いろいろ勉強になる話をしてもらえる可能性もあります。

ただし、人を選ばなければリスクが大きいことも事実です。この若造が生意気なことを言っていると思われることもあります。
そして私は、後にそのリスクに足をすくわれることになるのです。

本当に実力がある人は、部下の実力を見抜いてくれる

日産では同期は七〇〇人いました。本当に優秀で、尊敬できる同期もいました。しかし、多くの若手社員は遊びや合コンに夢中になっていました。私は早く結婚したこともあり、遊びにはあまり興味がありませんでした。今やるべきことは、仕事に一所懸命に打ち込むことだ、と思っていました。会社のために、自分に何ができるのか。それをいつも意識していました。

何より尊敬する上司の影響が大きかったと思います。私は今から思えば何もわかっていませんでしたが、日産がどうあるべきかということを常に考えていました。だからこそ、日産の経営理念は何なのか、という疑問も出てきたのです。

視線を〝上〟に向けることができれば、自分の意識も変わっていくのです。

そして、そうした姿勢を、ちゃんと受け止めてくれる人もいました。例えば私が嫌っていた組合すらも、後に「中から改革してくれ」と私を青年部の重職に就けた

のです。

一方で、私を疎んじる人も出てきました。私はいきなり非自動車部門に異動させられたりしました。「岩田、日産辞めるんじゃないぞ」と、同期たちは自宅まで来て引き止めてくれました。いわゆる左遷のような異動でした。所属部長に対して答えにくい質問を言ったことが原因だったと私は思っています。心あたりがあるのです。

しかし一方で、私を引き上げて応援してくれる上司もいました。

その異動後、私はアメリカ留学のチャンスを勝ち取ることになるのです。

まさに「捨てる神あれば、拾う神あり」。だから、いろいろなことに前向きに思い切ってぶつかっていったほうがいいと思います。また、会社員生活には必ず浮き沈みがあることを実感しました。

ただ、今から思えば、本当に私は生意気な未熟者でした。わざわざ敵を作るようなことをする必要はないのです。分をわきまえる必要もあったと思います。そこが当時の私にはまったく足りませんでした。

5 腐るかもしれない状況の中でこそ、目線を上げる

腐ってもいいことは何ひとつない

自分のキャリアにおいて、いくつかの大きな転機になった出来事があります。そのひとつが入社三年目の頃、大阪の自動車販売会社に、一九カ月にわたって出向、セールスの仕事に従事したことです。当時、国内営業の支援策として、日産社員三〇〇〇人の販売店への出向が行われました。

本社で取引先の経営指導を行う仕事から一転、自動車のセールスです。個人向けの自動車の営業は、とても大変な仕事でした。競合も多い。高額商品ですから、簡単には売れない。しかも、頻繁に買い換えるものではない。

それこそ、足を棒のようにして五〇〇軒飛び込み訪問を繰り返して、ようやく一件の見込み客に出会えるかどうか、という仕事です。

ほとんどの社員にとっては、本意ではない仕事だったといえます。もしかしたら、

腐って仕事へのやる気を失った同期も少なくなかったかもしれません。

しかし、こういうときにこそ、真価が問われているのです。

私は何か目標を作ろう、と思いました。そのときに知ったのが、セールスの優秀者には、社長賞の表彰がある、ということでした。

本社勤務では、社長賞を取るような仕事はなかなかありません。例えば工場に行けば、生産性向上やTQC活動など、数字で実績を示すことができる仕事があります。ところが、私のいた購買の仕事で社長賞など、聞いたことがありませんでした。しかし、セールスで頑張れば社長賞が取れる。聞けば、出向先で一位になったら、だいたい選ばれているということでした。私は、出向先で一位を絶対に取ろうと心に決めました。

希望していない状況の中で、自分なりに目標を掲げたのです。こうなれば、一気にやる気がわいてきます。新婚にもかかわらず、五月の配属から三カ月、土日含めて私は一日も休みませんでした。

一日最低一〇〇軒の飛び込み訪問をしながら、顔写真のスタンプの入った名刺とチラシを、留守宅には、ひたすらポストに入れ続けました。出向先で最も厳しいといわれていた所長から、「岩田、そろそろ休めや」と言われたほどでした。

結果的に、私はトップセールスマンになり、前任者の八倍、二位の人の三倍の圧倒的数字を上げ、歴代出向者の販売記録を塗り替えました。そして念願の社長賞を獲得しました。得られたのは、名誉だけではありません。私は大きな自信を手に入れたのでした。

そしてこのときの販売会社の社長が、後の日産自動車の常務に抜擢《ばってき》されるのです。このご縁が、後の私のキャリア作りにもつながっていくことになります。

なぜ、うまくいった人に話を聞きに行かないのか?

販売会社に出向が決まり、「トップセールスになり社長賞を取るぞ」と決めた私が、実は最初にしたことがあります。それが、同期のつてを頼ってかつて出向して社長賞を取った人に話を聞きに行くことでした。

何かを知りたいときには、すぐに社内のしかるべき人を見つけて、話を聞きに行っていました。

留学が決まれば、どうやって学校を選択したのか、どうやって英語力を磨いたのか、社内の留学経験者を探して聞きに行きました。すでに経験している先輩たちが、すぐ身近にいるのです。聞きに行かない手はありません。

セールスでも同じでした。社内にトップセールスを達成した実例がいるわけです。どうやって売ったのか。何が他の人と違ったのか。セールスのポイントはどこにあるのか。何か秘密があるのではないか……。

聞かれる側は成功した人たちですから、聞きに来られて嫌な思いになるはずがありません。むしろ、聞かれることは、気持ち良かったはずです。みなさんからいろいろとアドバイスをしていただきました。

謙虚に聞く姿勢を持てるかどうか。それは、実は後の成長に大きく響いてくると私は思います。目の前にお手本はたくさんいるのです。勇気を持って聞きに行くべきです。

私がもし聞きに来られたら、具体的にアドバイスをして、その上で何かの形で応援したくなります。

業務に関連した本からも、多くを学びました。私はセールスマン時代、自動車、保険、その他トップセールスマンの書いた本を二〇冊以上、片っ端から読みました。そうすると、だいたい共通したセールスの基本動作がわかるようになりました。生産管理の業務をしていたときは、生産方式関連の本を読み漁《あさ》りました。

6　個人個人の特徴は、ある程度あったほうがいい

上司は従順なイエスマンを求めているわけではない

上司はこんな部下を求めているのではないか……。

部下からすれば、上司が考えていることは気になるものです。しかし実際には、上司は「部下はこうあるべきだ」と必ずしも一律に思っているわけではありません。

なぜなら、部下も組み合わせだからです。

みんな同じようなタイプで、同じようなことがそこそこできる部下が集まるよりは、野球のチームのように、ホームランバッターがいたり、バントの名手がいたり、守備固めもいたり……といろいろいたほうが、組織を運営しやすいものです。

つまり、上司にしてみれば、何でもそこそこできるマルチプレーヤーもたしかにうれしい存在ですが、それだけでは組織としていい仕事はできない、ということで

す。これはアイツを使えばいい、こっちはアイツに、と尖《とが》った部分があったほうがいい。

したがって、みんなが同じタイプを目指す必要はないのです。それぞれが、特徴をある程度、持ったほうがいい。そもそも、組織ではお互いの長所を出し合い、短所はカバーし合えば良いのです。

使い勝手が良くて従順であればいいだろう、と部下は思ってしまいがちですが、あまりに従順過ぎていつでもイエスマンであれば、上司とすれば逆に怖いものです。

もしかしたら、自分は間違ったことを言っているかもしれないし、もっと良い方法があるかもしれない。この部下は何も考えていないのではないか。何でもイエスで従われてしまうと、大きなミスをしてしまうかもしれない。

もちろん上司にはタイプもあります。全員がそうとは言い切れませんが、適切に「こうしたほうがいいのではないでしょうか」と進言してもらうことで、結果的によりいい仕事ができれば、組織としてはそのほうがプラスになります。

とにかく従順でイエスマンのほうがいい、という固定概念は外して考えるべきだと思います。

最初の数カ月間で、部下が信頼できるかどうかを見抜く

上司として部下を持つと、私はやはり最初の数カ月は様子を見るようにしていました。何を見るのかというと、信頼できるかどうかを見極めるのです。その意味では、部下にとって最初の数カ月は重要な時期といえます。

この部下は大丈夫だ、信頼できるな、と思ったら、基本的にまかせていくようにします。簡単でいいので、「報告・連絡・相談」をしてくれれば、後はまかせる、と伝えます。責任は自分が取るから、と。

信頼しても「報・連・相」をお願いするのは、部下を疑っているからではなく、上司としてサポートできる場面が必ずあるからです。細かな指示も、時には、部下がよりいい仕事をするために必要なときもあるのです。

まかせるといっても、ほったらかしにしていたら上司としては失格です。部下が

困っていたら、助けてあげられるようにウォッチしておかないといけない。

逆に部下も、まかせられているとはいっても、困ったときには、上司に報告、相談するべきです。それが、上司からの信頼をより高めることになります。

こうして信頼関係が作られていったら、仮に結果が出せなかったとしても、それほど心配する必要はありません。絶対的な信頼関係の上でまかせていたら、「コイツですらうまくいかないのか」と上司は思うものです。

うまくいかなかったら、信頼を失ってしまうのではないか、と過度にビクビクする必要はない、と私は思います。

人間ですから、努力しても、頑張っても、うまくいかないときはあります。失敗もします。でもきちんとした信頼関係があれば、上司は許せるのです。

しかし、許せない失敗もあります。それは、ずるいことをやろうとしたり、嘘《うそ》をついたり、手を抜いたりしようとすること。お客様を軽視したり、ミスを誰かのせいにしようとしたり。

こういうことがきっかけで、信頼は地に落ちてしまいます。部下は上司から厳しく管理され、チェックされるようになる。最悪の場合は、もう重要な仕事はまかされなくなります。

部下が思っているほど、上司は結果にぴりぴりはしていません。とりわけ、最初の頃は。むしろ、その結果がどのような行動によってもたらされたか、ということをこそ、見ている。チームができたばかりの時期は、プロセスが重要なのです。

最初のうちは、こまめに報・連・相する。そうして信頼を勝ち得たら、後は自由に自分の思い通りにすることができるのです。

7　上司の小言をうるさがってはいけない

上司は部下の強み、弱みをよくわかっている

部下を組み合わせて、チームとして実績を出すのが、上司の仕事です。となれば当然、部下の長所・短所というのは、よく見ているものです。

どこに強みがあり、どこに弱みがあるのか。その強みを生かし、弱みをカバーする形で仕事を組み合わせたり、メンバーを組み合わせたりしています。

あなたのまわりの同僚を思い浮かべてみてください。みんな、それぞれ得意や不得意があるのではありませんか。仕事は細かいのだけれど、おっとりしていてスピード対応が苦手。仕事をバリバリこなすのだが、ときどきポッと何かが抜け落ちる。

英会話が得意で外国人対応はずば抜けているけれど、年輩の日本人担当者とのコミュニケーションや敬語は苦手。数字は得意だけれど、対人関係が不得意……。

チームとして仕事をまとめ上げていくには、上司はこうした得意、不得意をきちんと把握しておかないといけません。せっかちで、提出する書類をちゃんとチェックしない人は、いつも同じ過ちをしてしまいます。となれば、上司もそれを指摘せざるを得なくなる。

逆にいえば、上司が部下に指摘することは、部下の弱みや苦手なところであるということです。基本的に強みや得意なところは、上司はあえて言いません。そうなると、いつも弱点ばかりを言われることになります。

しかし、そうした小言こそ、部下は大切にすべきなのです。わざわざ上司が、指摘してくれているのですから。それは、期待の裏返しでもあるのです。期待していなければ、弱みを修正する機会など、与えようとは思いません。

小言をうるさがったり、うっとうしがったりするのではなく、素直に聞き入れる。それは、自分の短所を知るきっかけであり、弱点をカバーするきっかけになるのです。

素直な気持ちを持ち続けている人は、まわりが応援したくなるし、ずっと成長を続けることができる人です。

叱りたくて、上司は小言を言っているのではない

例えば、私はスターバックスのＣＥＯ時代、出張でお店を訪れたりして、気になったことがあると直接、その場で本社の責任者に電話を入れていました。

店内のあるエリアの電球が切れている。もちろんお店は気づいていて、対応を本社に依頼しているが、なかなか迅速にやってもらえない。

こんなことを耳にすると、すぐにその場で本社の担当部門に私は電話していました。担当者からすれば、「どうしてわざわざ社長が電話をしてくるんだ」「そんな細かなことまで社長が口出しするのか」と感じていたかもしれません。

しかし、違うのです。一店舗で起きている出来事は、全国九〇〇の店舗で起こり得ることだからです。

どうして社長がそんな細かなことまで、と言う前に、どうして社長がそんな細かなことまで気にしているのか、ということにこそ、想像を巡らせてほしいのです。

あるお店で起きているとすれば、他の九〇〇店全部をチェックしてみてほしい、というメッセージなのです。

私は出張に行くたび、何か気になることを見つけたら、本部の責任者に電話を入れていましたが、目の前の担当者を叱ったことは、一度もありません。

部下も同様に、問題を指摘されているからといって、叱られている、怒られている、と受け止めてはいけません。大切なことは、そこから何ができるか、です。

「一を聞いて十を知る」ではありませんが、改善点をどう応用させるか、こそが問われている。そういう発想で、上司の指摘を受け止めてほしいのです。

小言には意味があります。そして結果的に自分も、組織も、会社も良くなるのであれば、決して悪いことではない。小言をうるさがってはいけないのです。

小言を言われなくなったとしたら、それは上司が一〇〇%部下のことを信頼しているか、一〇〇%見きってしまったかのどちらかです。

8　上司は「人となり」をしっかり見ている

あなたはランチでお店のスタッフにどんな言動をしているか？

上司が求めているのは成果だけだ。とにかく結果だけ頑張って出せばいいのではないか。

そんなふうに考えている部下も、少なくないようです。

しかし、これも正しくありません。とりわけ私の場合には、そうでした。なぜなら、重要なものは、部下の「人となり」だと思っているからです。「人間性」と言い換えてもいいかもしれません。

上司は、ただ部下の仕事ぶりだけを見ているわけではないのです。それこそ、たくさんの情報を知って、部下を評価しています。

信頼できるかどうか、仕事をどこまでまかせられるか。もっといえば、抜擢できるか、自分の後継者としてポジションを委ねられるか……。

例えば私なら、普段、一緒に食べに行くランチでの言動も、気にして見るようにしていました。レストランのお店のスタッフに対する態度や言葉には、意外に人間性が出るものです。

そういうところにこそ、いずれ部下を率いてリーダーシップを発揮できるか、取引先に対して誠意を持った対応ができるか、取引先を友好的にうまくコントロールすることができるかなど、人間性やマネジメント力がにじみ出てくるものだからです。

一緒に出張に行くと「人間性」がわかる

最も人間性が見えてくるのは、一緒に出張に行くときです。ある会社で自分の後継者（社長）を意識したのは、一カ月、一緒に出張に行っていたときからでした。

その部下は当時、社内的にはそれほど高い評価を得ておらず、前社長からは窓際のポジションに追いやられていました。でも私は、人となりを見て、この人物ならまかせられると思いました。

例えば、人の悪口を決して言わない。現場をしっかりと気遣うことができ、信望も厚い。会社の価値観をとてもよく理解している……。

私も出張中、さまざまな場面で助けてもらうことになりました。それも、わざとらしくなく、押しつけがましくなく、ごく自然にやってもらえた。

人間性がとても高いと思いました。この人を抜擢したい、「まかせたい」と心から思ったのです。そこから数年かけてさまざまな部署を経験してもらい、最後には会社を託すことにしました。

「仕事はできるが、性格が良くない部下」こそ、上司は心配する

どんなビジネスパーソンを目指すべきなのか、という質問をよく受けることがあります。

そんなときに私がよく使うのが、横軸に、仕事が「できる」「できない」、縦軸に、人間性（もっといえば性格）が「いい」「良くない」を置いたマトリックスです。

「仕事ができて、性格がいい」「性格はいいが、仕事はもうひとつ」「仕事はできるが、性格が良くない」「仕事もできないし、性格も良くない」の四つのゾーンができます。

もちろん一番目指したいのは、「仕事ができて、性格がいい」。では、次に目指すべきなのは、どれか。「仕事もできないし、性格も良くない」ではないことははっきりしていますから、「性格はいいが、仕事はもうひとつ」「仕事はできるが、性格が良くない」のいずれか、ということになります。

ビジネスパーソンとしては、仕事ができることは大切です。したがって、「仕事はできるが、性格が良くない」なのではないかと思う人もいるかもしれませんが、私はそうは思いません。「性格はいいが、仕事はもうひとつ」なら、能力をこれから伸ばしてあげることができる。教育のしがいがあるのです。

逆に、上司として私が最も警戒しているのが、「仕事はできるが、性格が良くない」なのです。

もちろん仕事ができるということは、大切なことです。しかし、それ以上に大切なことは、人間としてちゃんとしていること。性格が良くて、人間性が優れていることです。

経済学者のケインズは「to do good よりも、to be good のほうがより大切である」という意味の言葉を残しています。仕事ができても、人間性が足りない人というのは、ここでの「to be good」ではないと思うのです。

仕事ができる、できないと人間性のマトリックスをぜひ、意識しておいてほしいと思います。知っておいてほしいのは、「スキル系」だけいくら高めても、いずれは天井がやってくる、ということです。高めるべきは「人間性」。自分の人間性そのものをしっかり鍛えておくことを意識すべきです。

仕事ができる、できない以上に、部下には優れた人間性こそが求められているということを、多くの人にぜひ知ってもらいたいと思います。

第2章

部下は、〝過剰サービス〟から始めなさい

「君にまかせたい」と言われる部下の

「報・連・相」

「人の作る組織にとって、
言われたことしか実行しない部下は、
役に立たないどころか組織の命取りになる。
こういうタイプの人間が増えれば増えるほど、
その組織は発展していく力を失っていく」

ジーコ

9 上司によって、求める報・連・相は違う

報・連・相の評価は、受け取る相手が決める

報告・連絡・相談という意味の「報・連・相」は、ビジネスパーソンの基本です。しかし、それだけに大きな落とし穴があると思っています。誰もが報・連・相を、あたかもわかったような気になってしまっているのではないか、ということです。

例えば、報・連・相は部下が上司にするもの、だと思い込んでいないでしょうか。

実は私自身は社長時代も報・連・相を強く意識していました。社長が誰に報・連・相をするのか、と思われるかもしれません。例えば、私の動向をわかっていないといけない人がいます。秘書もその一人です。

報・連・相が何のためにあるのかといえば、その情報を必要とする人のためにあるのです。

つまり、報・連・相がうまくできているかどうかを決めるのは、している本人で

はなく、受け取っている相手だということです。

報・連・相に関しては、私の場合、若い頃、尊敬する上司から教わった習慣が大きいと思います。とにかくこまめに報告せよ、と厳しく言われていたのです。

それこそ社長時代も、この習慣は続いていました。どこそこのアポが終わった、車で移動している、何分前についた、打ち合わせが終わった、次は……とこまめに秘書に連絡していました。

秘書は私の動向を逐一知ることで、次の準備をすることができます。例えば、スケジュールが遅れていれば、次のアポ先に連絡を入れることができます。

何より問題なのは、私がどこで何をしているか、わからないことです。それがわからなければ、秘書としては問題に対処できないからです。

報・連・相というのは、裏返せば、していないと相手が困るもの、ともいえます。

それこそ私は、今も妻に「帰るメール」を必ず入れています。妻の立場に立てば、いつ帰ってくるかによって、夕食の準備が異なるわけです。その想像力があれば当然、一報を入れるべきだということがわかります。

若い頃は秘書はいませんでしたが、アシスタントの女性や同僚に、できるだけ自分の動向を伝えるようにしていました。何か急用があっても、すぐに対応ができるのです。

上司の報・連・相〝マーケティング〟をするべきである

部下からすれば、ちゃんと報・連・相をしている、と思っているかもしれません。しかし、ほとんどの上司は、納得のいく報・連・相は半分もないと感じていると思います。

私が心配するのは、自分で「この程度の報・連・相で充分」と勝手に決めてしまっているのではないか、ということです。しかし、評価するのは、上司なのです。

しかも問題は、上司によって満足のいく報・連・相が異なる、という点にあります。例えば私は基本的に、こまめな報・連・相を求めます。

三日分まとめて報告されるより、毎日一言でも状況の報告を受けたいと思っています。細かな話はいりません。それこそメールで本文なし、タイトルで「順調」と伝えてくれるだけでもいい。それだけで状況がわかるからです。

まかせたとはいえ、やっぱり心配なところもあります。そのときに、順調です、と言ってもらうだけで安心できます。

もし報告がなければ、いろいろと悪い想像をしてしまいます。何かトラブルがあったんじゃないか、うまくいっていないのか、客先で怒られたのか……。

しかし、上司によっては、そんなに頻繁にはいらない、という人もいるでしょう。まとめて報告してくれればいいよ、というタイプの人もいる。

つまり、上司によって報・連・相に求めるものが違うのです。

上司がどんな報・連・相を求めているのか、上司のニーズの〝マーケティング〟が極めて重要になるということです。それがわかっていなければ、上司の満足する報・連・相はできないのです。

10 上司が言わないことは、部下が聞かないといけない

「5W(なぜ、いつ、何、どこ、誰)2H(どのように、いくら)」を確認する

もうひとつ、報・連・相で大切なことは、上司から何が最も重要なポイントとして求められているのか、ということです。

今すぐほしい、なのか、時間がかかってもいいのか。完璧な資料がほしいのか、だいたいのものでいいのか。一〇〇万円単位のレベルなのか、一円単位のものなのか……。

それを知るためにも、部下がしなければいけないのは、報・連・相の対象たる仕事がどういう目的を持った仕事か、しっかり上司から聞き出しておくことです。

上司から仕事を振られた。「では、やります」で終わってはいけないのです。

上司が満足する仕事がどういうものなのか、上司の期待をしっかり理解しておくべきです。

その仕事の目的は何なのか。いつまでに必要なのか。どんな体裁のものがほしいのか。何がポイントになるのか……。それこそ「5W（なぜ、いつ、何、どこ、誰）2H（どのように、いくら）」を聞き出さないといけません。

それを聞き出して初めて、上司の求めるものがわかる。ところが、上司は仕事を頼むときに、そこまできちんと丁寧に話してくれるとは限りません。にもかかわらず、わかったつもりになって仕事を進めてしまったとすると、どうなるか。

スケジュールが第一優先だったのにクオリティを重視してしまったり、ポイントのずれたものを作ってしまったり、上司が求めていたフォーマットとは異なるものを作ってしまったりする危険性が出てきます。

つまりは、上司を満足させられる仕事ができない、ということになるのです。

課長がわからなければ、部長に聞きに行く

これは私自身も経験があるのですが、往々にして、実は上司自身が「5W2H」をしっかり考えていない場合もあります。アウトプットのイメージがなく、極めて曖昧に、とりあえず仕事を部下に命じてしまうこともあります。

しっかり考えていないわけですから、部下にしっかり伝えられるはずがない。それでも、出てきたものに対して「こんなものではなかった」と不満を持ってしまったりもする。

これでは部下にとっても理不尽といわざるを得ないわけですが、だからこそやってほしいのが、部下がちゃんと上司に「5W2H」を確認することです。

そうしなければ部下もやりようがない、ということもありますが、それを聞かれることによって、結果的に上司としても曖昧なアウトプットイメージが具体的になるのです。上司のためにもなる、ということです。

もしかすると、上司にもわからない、判断できない、というものがあるかもしれません。課長は部長に指示を受けただけかもしれない。そんな場合は、「では、私が部長に聞いてきてもいいですか」とお伺いを立ててもいいと思います。

結果的に、課長は後で部長に「あの資料は使えなかった」と責められずに済みます。「そうか、ちょっと聞いてきてくれ」となる可能性もあると思います。それは間違いなく、「コイツはちゃんと考えてくれているな」という信頼につながっていくはずです。

ただし、課長にきちんと聞いた上で、は大前提です。部長に聞きに行くことをOKしてもらった上で行かないと、課長の顔をつぶすことになりかねません。

上司からの指示を一方的に聞くだけでなく、部下から5W2Hによる質問で上司を誘導する。それは、部下による上司教育にもなるのです。私は社長時代、「社長を教育するのもみなさんの仕事だ」と幹部社員によく言っていました。

11　まずは、〝過剰サービス〟から始めなさい

「これが足りない」では信頼を得られない

では、上司からまかされた仕事について、目的・内容・アウトプットイメージをきちんと理解した上で、報・連・相をどのようにするべきか。

上司が求める報・連・相は、人によって求めるレベルが違います。だからこそ必要なことは、最初は〝過剰サービス〟を意識してみることだと私は思います。

上司がどれだけのレベルの報・連・相で満足するのか、わからないからです。

報・連・相をしたとき、上司にとって「これはいらなかった」という場合と、「これが足りなかった」という場合とで、印象はどう変わるのでしょうか。

ご想像できると思いますが、ほしいと思っていたのに「これが足りなかった」というときの不満のほうが、はるかに大きいのです。

指摘されて後から継ぎ足すことになるようでは、信頼されるのはなかなか難しい。

そうではなくて、「さすがにちゃんと網羅されているね。でも、一応もらうけど、次からここまではいらないからね」と言ってもらうことを目指すべきだと思います。

私自身、対上司ではありませんが、これには実体験があります。自動車のセールスをしていた時代、私がこだわっていたことがありました。それは、買ってもらった直後に徹底的にフォローすることでした。

セールスでは、買ってもらえた、とホッとして後から何もフォローをしなかったためにトラブルが起こることがあります。ようやく、厳しい交渉の場面から解放されたわけですから、ある意味仕方がないかもしれません。

しかし、買ったほうの気持ちはどうでしょうか。「せっかく買ってあげたのに、買った後は何も言ってこない」「買うまではあれほど一所懸命だったのに、買ったらもうどうでもいいのか」……。そんなふうになりかねないと思います。

そうなったら、次の買い換えのときに日産車を選んでもらえなくなる危険があります。それを認識していた私は、買った直後のフォローを意識してしっかりするようにしたのです。

〝過剰サービス〟から削って必要なレベルにしていく

そうすると、面白いことが起きました。それこそ買っていただいた後の一カ月、電話連絡をこまめに入れたり、「調子はどうですか」と頻繁に訪問したりしているうちに、お客様からこんな声が上がり始めたのです。

「岩田さん、君も忙しいんだから、他を回りなさい。ウチはもう、良くしてもらっているから」

「買ったらもう来てくれないのか」と不満を持たれることが多い中で、相手から「もう来なくていい」と言ってもらえたのです。

最初に〝過剰サービス〟をしたからです。

上司への報・連・相も、これと同じだと思います。「これはもうしなくていいよ」と上司から言われるのと、「どうしてやらないんだ」と足りないことを指摘されるのとでは、雲泥の差があります。

こうして〝過剰サービス〟から、少しずつ減らして上司が求めるレベルに落とし込んでいく。

足りないものを指摘されて加えていくのではなく、過剰なものを削っていく。それが、上司が求める報・連・相を達成する方法だと思います。

必要があれば、プライベートのことも報・連・相する

上司から信頼を得るかどうかは、プライベートな報・連・相にも関わってきます。最近、お酒ばかり飲んでいるな、なんてことも上司はよく見ています。少し生活態度が乱れているのではないか、何か元気がないな、など。それは、仕事をする上で、実は放っておけない要素だからです。

上司からすれば、できれば原因も知っておきたい。なぜなら、心配だからです。子どもが病気だ、お母さんが倒れてしまった、ということになれば、部下は普通の精神状態でいられるはずがありません。

家族の病気などはできれば、上司としては把握しておきたいものです。プライベートなことでも、事前に一言報告しておいたほうがいいと思います。

部下の様子の変化が最もわかりやすいのが、実は挨拶です。そのときに、優れた

上司はよく観察しています。ちょっと元気がないな、目が赤いな……。そんなところから始まります。気になれば、私だったら声をかけます。

上司も知る努力をすべきだと思いますが、部下も必要であれば、上司に相談することが大切です。

単純にお酒を飲み過ぎている、なら、「しっかりしろ」で済みますが、お酒に関しても要注意なときがあります。

それは、取引先の接待攻勢にあっていないか、ということ。自腹で行けるわけのない高級店に入り浸っている、ことになれば、とても気になります。急に高級品を身につけている、なんてときも。

部下が思っている以上に、上司は普段からよく見ているものなのです。

いつも明るい挨拶をして、困ったら早めに相談することが大切です。

12 「上司に何をしてほしいのか」を明確にする

結論を最初に言う

上司として報・連・相の意味をよくわかっているな、と思う部下には共通した行動があります。

それは、上司に何をしてほしいのか、結論から先に言ってくれることです。

上司として、どうアクションをすればいいのか。謝罪に行くべきなのか。一本、電話を入れるべきなのか。報告を受けるだけでいいのか。お客様からもらってきた宿題を一緒に解決するのか……。

報・連・相をしたら、おしまいではなくて、それでどうするのかをしっかり伝えてくれる部下には「まかせたい」と思うものです。

例えば、部下からメールで「岩田さん、夕方お時間ください」と言われたとき、私はイライラすることがあります。報・連・相のいずれだったにしても、まずはいい話なのか、悪い話なのかがわからないからです。ですから「品質不具合発生の件」とか「今期予算達成の件」といったメールのタイトルにすべきです。

上司にだって、心の準備というものがあります。「いい話」であれば、お茶でも飲みながらゆっくり、ということになりますが、「悪い話」であれば全身を耳にして、身を乗り出して聞かなければなりません。

だとすれば、最初にそれをはっきりさせるべきです。それこそ、いい話はいつでもいいけれど、悪い話は今すぐにでも教えてほしい、というのが上司の本音です。悪い話ほど、早く聞きたいのです。なぜなら、早く手を打たなければいけないからです。

ところが、部下は悪い話はできるだけ先延ばしにしたい。結果的に、悪い話が後回しにされてしまうことも多くあります。これは、上司にしてみると、最悪な事態です。早く悪い報告をしてもらえれば、対応策を考える時間ができるからです。

上司への状況説明を別の人間にさせない

あるとき私は報・連・相で、厳しく叱ったことがあります。報告書を読んでいて気になる点があって、担当役員に連絡を取ると、担当者から説明させます、と連絡が来たのです。実際、若い担当者だけが説明にやってきました。

しかし、私が説明を求めたのは、この若い担当者の上長である役員。なのに、どうして若い担当者を寄越したのか。私は叱りました。

私が仕事をお願いしたのは、この若い担当者ではなく役員だったわけです。にもかかわらず、本人が来ないのは、どういうわけだ、と。

担当者に話をさせたほうが早いから、と役員は言っていましたが、それでは組織の意味がありません。組織は、それぞれの役割や責任分担があって成立しています。時間がかかるようでも、組織ではそれぞれの意思命令系統に沿って話をしなければなりません。間を飛ばしてしまっては、組織が成り立たなくなってしまいます。

面倒でも言われた役員が担当者に話を聞き、自分で理解をして、私に報告をすべきだったのです。もしくは、部下を伴って報告に来る、という方法でも良かった。

実際に説明するのは担当者でかまいません。しかし、逃げてはいけません。

間に入る人には、間に入る人の責任があるのです。そうでなければ、このような上から下に伝えるだけの「電話線」は存在の意味がまったくないのです。

もとより、経営トップになれば、もう逃げ場はどこにもありません。どんな問題も、真正面から自分で向き合うしかない。

丸投げして部下に説明をさせるようなことをしていたら、とても経営トップの仕事など務まりません。何のためにそこにいるのか、経営トップから見れば、まったく価値のない存在です。

自分が咀嚼《そしゃく》し、理解しすべての責任を負う。そのくらいの意識がなければ、上のポジションは務まらない。管理職の大切な心がけです。

13 「事実」と「判断」は分けて伝える

「大丈夫です」は部下の判断に過ぎない

上司にとって、報・連・相を受けて一番大切になるのが、ネクストステップ。つまりどう対応するべきか、ということです。

ところが、これを間違えてしまう上司が、後を絶たないのも事実なのです。

それこそ、経営トップが問題を過小評価して対応を間違えて、社会から激しいバッシングを受け、企業が存亡の危機に立たされたりしてしまったことが何度もありました。

最初から経営トップが前面に立って謝罪をしていれば済んだのに、それをしなかったために「社長を出せ」ということになって、トップが追い込まれてしまうこともあります。

逆に、それほど大きな問題とは思えなくても、ジャパネットたかたのようにトップが出てきて思い切った決断をしたことで、不祥事がむしろ企業イメージをアップさせた例もあります。

ネクストステップというのは、これくらい難しいものなのです。ましてや、勝手に部下がネクストステップについて判断をしてしまっていたりしたら、取り返しがつかないことになります。

そこで、とりわけ悪い話のときに、部下に気をつけてほしいと伝えていたのが、「事実」と「判断」を分けてもらうことでした。

上司が知りたいのは、まずは「事実」なのです。こんな顧客クレームがあって、お客様が怒っている。こんなことを言われた……。

にもかかわらず、「判断」だけを言おうとする部下が少なくありません。「とりあえずなだめましたから大丈夫だと思います」など。

人は、自分に責任がある問題を伝えるときには、できるだけ小さな話にしたいものです。それは、仕方のないことです。だから、「いや、大丈夫です」ということに落ち着けたい。

しかし、「大丈夫です」というのは、部下の判断です。上司が聞きたいのは、部下の判断ではない。

まず「事実」から、しっかり語るべきなのです。

なぜお客様は怒っているのか。どのくらい怒っているのか。それによって、どうするかは、上司が判断する。部下の判断を聞いたとしても、最終的には上司が判断する。「それは上司の私が謝りに行かなければいけないことだ」という判断もできる。だからこそ、正確な「事実」が重要なのです。

悪い話を上司にしにくいチームは、危ない

正確な「事実」を耳にするためにも、実は上司も心得なければいけないことがあります。それは、怒ってはいけないということです。「お前、何をやっているんだ」と頭ごなしに怒れば、部下は萎縮してしまい「事実」を報告しにくくなります。悪い話は上に一切報告しないようなことも起こる。

大切なことは、「罪を憎んで人を憎まず」です。

起きてしまった悪い話は、悪いことだから憎む。しかし、それを引き起こした人

を憎んではいけない。

悪いことを起こそうとする部下はいません。一所懸命やっていた中で起きてしまった悪い話なら、それは仕方がないのです。上司はそう思わないといけない。

トヨタグループのある会社では、部下が悪い話をもってきたら、まず「ありがとう」と上司は言います。報告してくれたことに対するお礼を真っ先に伝える習慣があるそうです。

もちろん、部下が手を抜いて起きたことは叱らないといけません。しかし、そうでないなら、仕方がないところもあるのです。

「人を信じてもいいけれど、人のすることを信じてはいけない」。これは、私の尊敬する上司から聞いた言葉でした。

人はミスも起こす。気づいていないことだってある。だから、悪いことも起こり得る。問題は、その後にどう対応するか、です。どう再発防止策を作るか。

だからこそ、正確な「事実」が必要であり、部下が悪い話を伝えやすいカルチャーが大切になります。

実際、製造工程で起きた品質トラブルなどは、会社の屋台骨を揺るがす事態を引き起こすことがあります。すばやく適切な対応をしないといけない。リーダーは、リスクを大きめに見積もって、最悪の事態も想定して判断する必要があります。

そしてもし、上司が適切な判断をしていないと思えたなら、部下は躊躇《ちゅうちょ》なく進言するべきです。多くの場合、上司にきちんと事実が伝わっていないことがあるからです。

14　仕事の本質を理解しておくと、報・連・相も間違えない

付加価値を生み出している瞬間は、いつか

私の尊敬する上司の言葉で、とても印象に残っているものがあります。車体の生産工場に行ったとき、溶接工場で火花を散らしてAパネルとBパネルがくっついていました。そこで、上司はこう言ったのです。

「いいか、岩田。このラインの中で、付加価値を生み出しているのは、火花が散っている、あの瞬間だけなんだ。だからそれ以外、在庫管理をしたり、モノを動かしたり、打ち合わせをしたりするのはすべて無駄だという目で現場を見ろ」

つまり、本質的な付加価値を生み出している一番大切な瞬間を見逃すな、ということです。

一番大切な仕事の目的は何かを考えてそこに意識を集中しろ、ということ。その

仕事の火花が散る瞬間はいつか、をいつも意識しろということです。

報・連・相においても、こうした本質的な問いかけが、部下には必要だと私は思います。上司に依頼された仕事の本質は何か。何を要求されているのか。火花はどこで散るか。その上で、報・連・相において何を最も重視しなければいけないのかを考える必要があります。

ミッション実現のための情報をもたらすのが、報・連・相である

物事の本質を理解していれば、応用がきくのです。前提や状況が変わったりしたときにも対応できる。

お客様にお茶を出しなさい、と頼まれたときも、お茶だけをひたすら入れる人がいれば、暑い夏だからおしぼりも一緒に出そう、と発想できる人がいます。お客様は若い人だからコーヒーのほうがいいかもしれない。逆に年輩の方なら、日本茶がいい、と考えられる人がいます。

大切なのはお茶を出すことではなく、お客様を「もてなす」ことが本質なのです。

そうした応用ができたなら、上司からの信頼度は大きく増すはずです。なるほどこの部下は、本質が理解できている、と感じるからです。

もっといえば、仕事の本質のみならず、事業や会社全体のミッションが理解でき、それが自分の行動や報・連・相に落とし込まれているなら、より上司からの評価は高まります。

本質的な仕事のミッションを理解するために考えなくてはいけないことは、サービスを提供される側の立場に立ってみるということです。

戦略を考えるときでも、競争をするときでも、お客様をもてなすときでも、自分が相手の立場なら何を考えるのか、何を望むのか、それを考える。相手が望んでいることを推測する。

そのために必要なのが、正確な情報です。それを上司にもたらすのが、報・連・相です。多くの情報があればあるほど、相手の立場が理解しやすくなるのです。そして、火花が散る瞬間も、イメージしやすくなる。

法人向けにモノを売る営業なら、火花が散るのは、契約書にサインがされる瞬間ではないでしょうか。もしくは、相手の社内の稟議《りんぎ》を通す瞬間かもしれない。

そうしたら、社内の稟議を一体、誰が決裁しているのか、というところにまで考えが及ぶ。社長なのか、部長なのか。それがわかれば、誰にアプローチすればいいかもわかる。相手の意思決定のルールを理解するということです。

間違ったアプローチでは、成約はできません。そして正しいアプローチの方法を上司に報・連・相で伝えるのが、部下の役割なのです。

15 こまめな報・連・相は、自分にもプラスになる

メールを受け取ったら、受領確認メールを返す

私はとにかくこまめな報・連・相を上司にしていました。そして上司になってからも、こまめな報・連・相を部下に求めていました。

例えば、メールをもらったら、もらったと返信する。中身はまだ読んでいなくてもいいのです。メールを受け取っていることをまずは知らせる。

ところが、部下にこれをやってくれない人が多くて困りました。メールが届いているかどうかもわからない。迷惑メールフォルダに入っているのでは、などと心配もしてしまう。大切なメールであればあるほど、なおさらです。きちんとした回答は後でも良いので、受け取ったことや依頼内容を確認するだけで良いのです。

ゆっくり中身を精査して、後でじっくりメールを書こう、という考え方もあるの

かもしれませんが、メールを送った側がまず心配しているのは、きちんとメールが届いたかどうか、なのです。

それがわからずに不安なままで、三日後に返信をされたとしても、あまり感心はしませんし、評価もできません。相手の立場に立てる部下だ、とも思えない。なぜなら、三日間私はイライラしているのですから。

メールを送った側の立場に立てば、まずは「メールを受信しました」と簡単な返信をもらうだけで安心できるのです。わずか一行の報告でいいのです。

詳しい報・連・相は、後からでもかまわない。そういった基本動作のできない人が多過ぎます。

人間はすぐにやらないと、忘れてしまう

もちろん上司にもいろいろいます。上司のタイプを見極めることは前提ですが、私は基本的に報・連・相はすぐやるのがいいと思ってきました。できるだけこまめに報・連・相をするのです。

後でやろうとか、時間があるときに、とか、夕方以降の落ち着いたときに、とか

ではなく、すぐにやる。

私は基本的にメールをもらったら、すぐに返信します。

なぜかといえば、忘れてしまうからです。人間は、忘れてしまう生き物です。この仕事が終わったら、あれをやろう、と思っていたのに、終わったときには、もうやろうと思っていたこと自体を忘れている、なんてことはよくあることです。

だから、思いついたときにすぐにやる。場合によっては、すぐやることが非効率になってしまうこともあります。何かをまとめてやったほうが、効率はいいのかもしれない。しかし、まとめてやろうとして忘れてしまうこともとても多い。

やっぱり人間だから、忘れるのです。

だから、メールの返信に限らず、非効率でも、二度手間になっても、遠回りになっても、すぐにやる、というクセをこれまでつけてきました。

おかげで、あれをやっておけば良かった、こうしておけば良かった、と後悔するようなことが、ずいぶん少なくなりました。

人間は絶対にすぐ忘れてしまう、という心がけをしていると、常にメモを持ち歩いて、何かあればメモをするようになります。

最近では、携帯電話を使って音声メモをすることも増えてきました。自分宛にメールを送ることもあります。そうすれば、忘れることはありません。

こうしたツールを積極的に活用して、すぐにやる、すぐにメモする習慣をぜひつけてもらいたいと思います。

記憶力を高めることよりも、忘れない工夫をすることが、本当に頭の良い人のやり方だと思います。

上司としてまかせた仕事の途中経過についても、こまめな報・連・相をしてもらったほうが、ありがたいと思うはずです。

例えば、お客様に提案する資料を作る。たとえ「5W2H」で細かな指示を上司から仰ぐことができたとしても、微妙なニュアンスまでは上司も伝え切れないし、部下も把握できないと思います。

横組みにするのか、縦組みにするのか。どんなデザインテイストがいいのか。ゴシックなのか、明朝なのか。グラフは円グラフがいいか、棒グラフがいいか……。

しかも、状況は日々、刻々と変わっていきます。お客様の状況が変化しているかもしれないし、何かの要望が出てきているかもしれない。プレゼン時間の長さも変わるかもしれない。

こまめに報・連・相をしてもらっていたなら、修正できるチャンスが生まれる。資料を作り始めてから、新たに課題に気づけるかもしれない。漠然としていたことが、やっぱりこうだよな、と上司も思いつくかもしれない。

それこそ、新しい情報が入ってきて、この資料よりも、こっちの資料のほうが大切になった、ということが起きるかもしれない。

こまめな報・連・相は、修正や精度のアップに効く

それこそ、途中の報・連・相なしに進められて、いきなり締め切り直前にポンと「できました」と言われたら、大幅な修正ができなくなるかもしれないわけです。

また、そもそも、この資料は必要なくなってしまった、ということになっているかもしれない。

簡単な報告や確認でいいのです。

それをこまめにやってもらうことで、結果的にお互いに手間を省くことができます。ちょっと面倒のように思えても、結果的には「まったく不必要なものを一所懸命に作ってしまった」というリスクも回避できる。お互いに、より満足したものが作れるのです。

また、実はその過程が上司から見ると、部下の教育にもなります。パワーポイントにはこんな機能もある。あのお客様は実は社長の遠縁にあたる人だから、気をつけたほうが良いなど、こまめにアドバイスすることで、仕事を進めていく上でのノウハウを伝授していくことにもなります。

こまめに報・連・相をしてもらうことで、上司は軌道修正を図れたり、イメージ通りの方向に持っていくことができ、より精度の高いものにしていくことができます。

ちなみに部下にもいろいろなタイプがいます。ガムシャラに仕事をして大きな結果を出すこともあるけれど、突然やる気をなくすようなムラのあるタイプと、精神的な安定感のあるタイプがいたとすれば、やはり積極的に仕事をまかせたいのは、後者です。

前者は期待もできますが、底のピークに当たってしまうリスクがある。ミスをしたり、お客様を怒らせてしまったりすることになりかねない。上司としては、そういうことを考えてしまいます。ホームランはなくても、安定的に進めてくれたほうが、重要な仕事は頼みやすいものです。

人間ですから、浮き沈み、やる気があるときないときがあります。しかし、部下として、それをどうコントロールしていくことができるか。上司が部下の仕事力を計る上で、これもまた重要なキーワードになります。

自分のやる気の波をコントロールできなければ、まかせられる仕事も限られる可能性が出てくる、ということです。

第3章

部下は、完璧な仕事が求められるとは限らない

「君にまかせたい」と言われる部下の

「仕事力」

「20代や30代のときには、どんなことでもいいから
とことん突き詰めて究めることが大切だ。
ひとつのことに精魂を打ち込み、
どんなことでもいいから確信となる何かを得ることだ」

稲盛和夫

16　自分なりの仮説を持っているか？　現場を意識しているか？

自分はどうしたいのか、選択肢とともに示す

言われたことだけをただやっているのでは困る、という上司の声をよく耳にします。一方でとても気がきくと上司に評価されている人もいます。

では、何が違うのか。それは、その仕事に対しての自分なりの意思があるかどうか、ということだと私は思います。

例えば、自分なりの仮説を持っておく。この仕事はこうあるべきだと思う、と語れるかどうか。

お客様から言われたことを、そのまま上司に報告していたのでは、言われたことだけをただやっている仕事です。それを、自分でどう解釈して、ではどうしたいのか、まで語れるのが、自分の意思のある仕事です。

さらに上司としてありがたいのは、もう一歩踏み込んで、次のアクションプランができていることです。まず事実を報告し、現状、自分としてはこう考えているのだが、次にはこうするべきだと思う。しかも、いくつかの選択肢がある。

仮にA、B、Cの三つの選択肢があるとするなら、上司が知りたいのは、それぞれのリスクとリターンです。最も知りたいのは、最大のリスク。会社の売り上げにダメージを与える可能性があるか。客先を失うようなことはあり得るか。

それをふまえた上で、A、B、Cそれぞれのリスクとリターンを評価して、どれがいいか、ということを上司に進言する。

ただ難しいのは、部下の知らない個別の事情もあり得ることとです。原則値引きには応じない、と決めている会社で、取引先から値引きを求められているとします。自社にとって過去トラブル時に助けてもらったことのある重要なお客様であれば、値引きに応じなければいけないこともあります。

ところが、そういった過去の経緯を知らない部下が、原則値引きには応じない、と取引先の値引きを断ってしまったらどうなるか。

逆に、個別の事情が特になければ、どこまで値引きに応じるべきか。それなら取引はもうしない、とまで言い切れるか。いくらまでなら、値引きができるか。その選択肢を自分なりに用意しておいてほしい、ということです。

現場の経験は、必ず後に大きく生きてくる

こうした仮説を自分なりに持てるようになるためにも、特に若い頃には「額に汗して仕事をする」ことが大切になると私は思っています。

現場に行く、お客様のところに積極的に顔を出す、製造現場に顔を出す。一度お店に立って一週間でもモノを売ってみる、営業マンに同行してお客様を訪問してみる、といった、現場経験は必ず後に生きてきます。

本社のホワイトカラーが額に汗して仕事をするのを怠っていると、ピント外れな施策を提言してしまったりします。

現場で仕事ができるのは、若いうちだけです。年次が上がり、ポジションが上に行けば行くほど、もうできなくなる。忙しくて時間がなくなる、というだけではあ

りません。

例えば現場を訪問しても、現場のスタッフが気遣って〝お客様〟扱いにしてしまうのです。これでは、本当の現場がわからなくなります。

私の知っている経営者は、それがわかっているから、帽子をかぶって、マスクをして、サングラスをして、変装してお客様のフリをしてまで現場を訪れるという経営者もいます。

普通、経営者が現場を訪問するともなれば、下手をすれば大名行列のようなものになりかねない。モーゼの「十戒」のように、歩いていくとさぁーっと人垣が左右にできていったりする。こんなことで、本当の現場がわかるはずがありません。

やはり現場の感覚は、若いうちに苦労して知っておく必要があります。自分から手を上げて販売現場に行く、製造現場に行く。これは絶対に後から役に立ちます。

現場に人脈やパイプを持っていれば、上司は「まかせたい」と思います。「本社からの指示を現場ではどう受け取っていますか」「先日、本部が出した施策は、お客様からはどんな反応がありましたか」なんてことを現場にさらりと聞ける部下がいれば、上司はとても重宝します。

頭が良く戦略が組み立てられたり、資料作りがうまかったりする部下もたしかにありがたいのですが、そのベースとなる情報は現場で集められています。その情報を現場で取ってこられる人は、上司にとっては極めて重要な存在です。

中途採用者で、最初はぜひ現場に行きたい、と言ってくる人がいます。これはとても正しいことです。一気にその人の信頼度は高まります。この新戦力は、本質がわかっているな、と感じるのです。

17 上司の説得は、「事実」の積み上げで行う

お客様の声は、上司でも否定できない

先に、悪い話を上司に報・連・相するときには、「事実」と「判断」を分ける、という話をしました。

何か伝えることがあるときには、事実やデータを積み上げて上司に伝える。この意識を持っている部下は、信頼ができるのです。

実際、事実には誰も文句が言えません。売り上げや利益などの数字も事実ですし、「複数のお客様からこんなことを言われた」というのも事実。これを持ってこられると、上司でも経営者でも、もはや否定のしようがないのです。

だから、もし上司を説得しようとしたりするなら、「事実」ベースで議論を展開することです。「私はこう思う」というのは、あくまで推測であり、判断。そうではなくて、まず事実を積み上げていくのです。その上で、その事実に基づいて自分

の意見を言うべきです。

私は最初コンサルティング会社に転職しましたが、このときもいろいろなデータを分析するだけではなく、クライアントの顧客にアンケートを取って、実際にもらった生のコメントをそのまま活用しました。「こんな商品は二度と使いたくない」「もう終わったブランドだ」……。

コメント内容だけでなく、何人のお客様がそんなコメントをしていたか、全体の何%が否定的だったか、数字に落とし込んで説明する。これをたたき込まれました。

私は、スターバックス時代には、事実を前にすればハワード・シュルツ（スターバックス創業者）さえ黙るはずだと言っていました。

常に「事実」を積み上げて、説得をすることを考える。ぜひ、意識してほしいと思います。

現場の声であれば何でもいいわけではない

一方で、では事実をただ集めれば、とにかく何でもいいのか、というと、必ずしもそうではありません。

それこそアンケートへのコメントなどは、人によって千差万別だったりもします。そのすべてを報告していたら、上司は混乱するだけです。

また、それは本当に「多くの」お客様が求める真意なのか、という視点が抜け落ちていては、上司からは信頼してもらえません。

とりわけ現場の人の中には、お客様の声を利用しようとする人もいます。お客様がこう言っているから、これをやるべきだ、と。しかしすべての要望には対応できない。だから、優先順位をつけないといけない。

私自身にも経験があります。自動車のセールスマン時代、日産車が三速オートマチックだったのに対して、競合は四速オートマチックでした。これだけを理由に、通い続けた商談で競合に負けたことがありました。

セールスマンの私にしてみれば、悔しくて仕方がなかった。どうして四速じゃないんだ、四速だったらあの商談は勝てていたのに。大きな声で叫びたくなりました。

しかし、では負けた商談はどのくらいあったのかというと、わずか一件だったのです。二〇〇件ほどの商談のうちのわずか一件の話。それでも現場は意見を言いたくなるわけですが、では果たして本社としてはどうなのか。

たった一件の商談に負けたことを理由に、巨額の開発費をかけて四速オートマチックを導入することが本当に必要なことなのかどうか。

もしこれが、全国で二〇〇〇件のことであれば、大問題といっていいと思います。ついつい大きな声を上げてしまいたくなりますが、重要なのは、ここでも事実の積み上げなのです。

つまり、定量的なデータを見なければならないということです。

「アンケートでこんなデータが出ている」と言うときも、注意しなければならないのは、サンプル数です。わずかなサンプル数で傾向を判断するのは極めて危険です。

したがって、データを積み上げるときにも、出典とサンプル数は明記しなければなりません。公的機関から公開されているデータなのか、単なるヒアリングをかけたデータなのか、などによって、信頼度も変わってきます。

「事実」やデータは重要ですが、データの根拠とサンプル数などの扱い方を間違えると大きな問題を引き起こしかねません。そのことも、知っておく必要があります。

18　自慢ではなく、さりげなくアピールする力を身につける

仕事ができる人は、さりげない自慢話がうまい

上司が部下に求めるのは人間性。人となりから信頼は生まれます。謙虚な姿勢で仕事に向かってくれる部下は、上司にとっても極めて好印象に映ります。

しかし、では謙虚な態度だけでいいのかといえば、必ずしもそうではありません。

上司としては、謙虚な姿勢の中でも、部下のいいところや活躍ぶりを見ておきたいものですが、すべてが見えているわけではありません。

本当に仕事ができる人というのは、さりげない自慢話や、嫌味のないPRが極めてうまい、ということです。

この「さりげなさ」が重要で、自分を大きく見せているな、ということを感じると興醒《きょうざ》めしてしまうのですが、そう感じさせない人がいます。

さりげないアピールがうまい人について、ひとついえることは、やはり「事実」

ベースである、ということです。

実績があるのに、それを否定する必要はありませんし、謙遜する必要もありません。

また、人の自慢話だけ聞くのは辛《つら》いものですが、そこに適度に苦労話や失敗談が入ってきたりすると、印象は大きく変わります。

実は自分を大きく見せることも、嫌味のない範囲であれば気になりません。一〇を一〇〇にして言われると引いてしまいますが、一二くらいで言われる分には、許容範囲の誇張だと思います。実際に、上司に引き上げられている人は、さりげなくやっているのではないかと思います。

では、そのための具体的な技術はどんなものなのか。あなたが「この人はさりげなく自慢しているな」「嫌味なく自分をアピールしている人だな」と思える人を見つけて、しっかり観察してみるのも、ひとつの方法だと思います。

やはり自慢話ではなく、事実を淡々と話すことで、相手にも嫌味なく伝わるのだろうと思っています。

まわりへの感謝の気持ちが語れる人を上司は評価する

また、「コイツは感じがいいなぁ」と好印象だった部下に、周囲の同僚を持ち上げる、という人がいます。

誰かの手柄を横取りしてしまう、なんていうのは最低のことですが、部下の成功を周囲がどれくらいサポートしていたのか、ということは上司にはなかなか見えない。

それだけに、何かの成果を褒めたとき、「いや、これは企画書を○○さんが一所懸命作ってくれたからです」「お客様のところに伺ったとき、○○君がいい一言を添えてくれたんです」などと、手伝ってくれた同僚の話をしてくれるのは、ありがたいことです。

決して功績が減るものではなく、まわりに感謝の気持ちを持っているのだとわかれば、「コイツはちゃんとチームを引っ張っていける度量がある」とプラスに感じるものです。

本来は、「自分一人がやったんだ」と見せたいところを、あえて「同僚のおかげで」と言えてしまう謙虚さもまた、上司からの印象や信頼度を大きくアップさせるわけですが、それだけではありません。人の上に立てる人だと感じます。

上司として、サポートしてくれた同僚たちに「あの企画書は君が作ったんだね」「お客様訪問のときに、いい一言を発してくれたんだそうだね」と声をかけることができれば、同僚たちも「彼は自分に感謝してくれているんだ」と思うということにもなる。今後も、大いにプラスになるということです。

自分が何もかも一人でやったように上司に報告すれば、上司も評価してくれるだろう、と考えてしまう人もいるようですが、実は逆です。

全部やったような顔をして報告をしてくる部下よりも、「いや、まわりのみんなが」と言ってくれる部下のほうが、はるかに評価は高くなります。

私は、「これは、誰が手伝ってくれたの？」と聞くようにしていました。一人でできることなど、限られるからです。

そうであれば、自発的に部下から同僚を褒め称《たた》えたほうがいいに決まっています。問われて言うのと、自分から言うのとでは、印象も大きく変わります。

19　社内に、「自分の応援団」を作る

感謝の気持ちは、口に出さなければ伝わらない

本当に仕事ができる人は、まわりにもきちんと気遣える人です。だから、いつもまわりがサポートしてくれる。それがまた、いい仕事につながっていく。好循環につながっていくのです。

周囲への気遣いも感謝の気持ちもなく、一人で何もかもやったような顔をしている人を、まわりは積極的に応援しようとはしないでしょう。

その意味では、社内にどれくらい「自分の応援団」がいるのかは、仕事力を大きく左右することになります。またそれを、上司はしっかり見ています。

とりわけ仕事で直接、関わりのある人には、日頃からきちんと接しておくことが大切です。後輩だから、アシスタントだから、とぞんざいな態度で接していては、協力など、まずはしてくれません。

もちろん仕事ですから、上に命じられたことを懸命にやるのは当たり前のことです。しかし、それは命じられた本人が思うことであって、命じた人が「それをやるのは当たり前だろう」と当然のように扱ってはいけません。

だからこそ、何かをお願いするときには、丁寧にお願いすることが大切です。「よろしくね」と声をかけておく。

そして、感謝の気持ちを意識的に伝えることが大切です。

仕事をお願いしているほうは、「仕事なのだから必要ないだろう」などと、ついつい思ってしまいがちです。ところが、お願いされる側はそうは思っていない。「どうしてお礼のひとつもないのか」ということになる。

たった一言でいいのです。「ありがとう」を忘れない。ちょっとしたことでも「ありがとう」と言うことが大切です。

それだけで、印象は大きく変わっていきます。「自分の応援団」を一人でも多く作っていくようにすべきです。

他部署や役員秘書とも、普段からいい関係を作る

自分の応援団になってくれる人は、実は直接、仕事上の関わりがある人だけに限りません。思えば日産自動車時代、私はコピー室で一緒になった他部署の女性にも、よく声をかけていました。

「こんにちは」という挨拶だけでもいいし、顔なじみになったら「あれ、髪の毛、切りました?」「その赤、似合っていますね」「素敵な洋服ですね」などと声をかける。忙しそうにしていたら、手伝ってあげる。コピー機の調子が悪かったら、一緒に直してあげる。

無理におべっかを使う必要はありません。会社の同僚なのです。会えば挨拶はするし、自然に思ったことがあれば、口に出して言うのは当然のことだと思っていました。ところが、たったそれだけで、印象は大きく変わるようです。

あるとき、私が大量のコピーを取るのに困っていたら、彼女たちの仕事ではないのに、私を手伝ってくれたのでした。それ以外にも、私宛のお客様の対応をとても丁寧にしてくれたり、といろいろなサポートを受けることができました。

普段からいい関係が築けていれば、本当に助けられることが多くあります。

それこそ、役員の秘書と親しくなっていれば、例えば、あの役員はパワーポイントの資料を好む、あの役員は資料が少ないほうがいい、といった情報ももらえたりします。

また、「どうしても、この企画は早く見てほしい」というときには、「申し訳ありませんが、どうしても急ぎなので！」とお願いすると、決裁書のフォルダの一番上にさりげなく置いてくれたこともありました。

もちろん、簡単に秘書とそんないい関係を作ることはできません。じっくり時間をかけて、育て上げていく。

思えば私は、出張に行くたびに、よくお土産を買っていました。

わざとらしく持っていくと、下心が見え見えですし、変に思われるかもしれない。

そこで、お土産はいろいろな部署の分を買っておいて、「たまたま行ってきたので他の部署にも配ったんだけど、良かったら」くらいの感じで置いていきました。

そうでなければ、秘書も気を遣ってしまう。お土産を持っていくにも、それなりの気遣いが、必要なのです。

20　間が悪い「間抜け」にならないようにする

周囲が観察できていない人は、まず挨拶から始めなさい

もしかしたら、あなたのまわりにもいるかもしれません。

「どうして、あのタイミングで上司に相談に行くかな」「上司が機嫌が悪そうにしているんだから、今はやめたほうがいいのにな」……。

わかっている人にはわかるのですが、わからない人にはまるでわからない。

上司からすれば、「もうちょっと気遣いしてくれるといいのにな」と思わざるを得ない。そんなタイミングがあります。

言い換えれば、「間」がわからない。これこそ、まさしく「間抜け」です。しかし、実際にそういう人は少なくないのです。

これも残念ながら、上司からすると信頼にはつながりません。

では、「間抜け」は修正することができるのか。私はできると思っています。そして、その根本にあるのは、挨拶だと考えています。

朝の「おはよう」や昼間の「お疲れさま」は、実はただの挨拶の言葉ではありません。それは、相手に関心を持っていることを示す証《あかし》。

そして挨拶は、相手をしっかり観察する場でもあるのです。相手がどんな状況なのか、観察する。そして気になれば、一声かける。

ここまでができて、本当の挨拶だと思います。

間がつかめない人は、これができていない。日頃から、人を観察するアンテナが立っていないということです。

その延長線上に、相手への気遣いがあります。

観察するクセができていれば、上司が今どういう状況にあるのか、つかもうとする。それに合わせて自分も行動できるようになる。

まずは挨拶を変えることです。きちんと挨拶して、観察する。

その意味では、いきなり上司だけ見ようとしても、うまくいかないと私は思います。まずは同僚や後輩から観察する必要があります。「おはよう」の挨拶と同時に、どんな顔色をしているか、どんな洋服を着ているのか、意識する。

そうすると、思わず声をかけたくなります。「あ、今日のシャツきれいですね」「時計が新しくなったのですね」などなど。一言が言えるようになります。

これが、日常的な観察力を高めることになるのです。何かアクションを起こすときに、相手の状況を必ずチェックするようになる。気を遣えるようになるのです。

相手に関心を持つことは、好印象を生み出す

人にはみんな承認願望があります。誰しも認めてもらいたいと思っています。そのときに、「あ、髪型変わったんですね」「カバンを買ったんですね」と言われたらどうか。この人はちゃんと自分に関心を持っていて、認めてくれたのだ、ということになります。

挨拶して相手を観察し、関心を持つことは、相手からの好印象につながります。

そして、結果として上司の状況もきちんと見られるようになる。つまり、空気も

読めるようになる。

それこそ、今はネット時代。この観察力は、どんどん衰えている気がしてなりません。「おはよう」はメールに書いたら、すべて一緒の「おはよう」です。

しかし、口に出したら、元気な「おはよう」も、元気のない「おはよう」もある。

こういう肌感覚を、メールはどんどん奪っていると思います。

メールだけで伝わることには限界がある、ということに気づけないのです。人と直《じか》に接しないから、わからなくなっていくのです。

人に関心を持つ。興味を持つ。観察する。承認願望に応える。

その始まりが挨拶です。

21 「やたら忙しそうにしている人」の共通点

「動き」と「働き」は、似て非なるものである

仕事力のない人の筆頭は、やたら労働時間の長い人かもしれません。たしかに、かつては長時間働くことが美徳といわれた時代もありました。しかし、今は多くの会社で、そうした感覚は減っていると思います。

もちろん、プロジェクトが最後の追い込みで納期が迫っている、といったときは仕方がありませんが、そうした緊急性もないのに、日頃からダラダラと残業して、朝早くから夜遅くまで長時間仕事をしている人は、その能力を疑いたくなります。

そもそも「忙しい」「忙しい」を連発している部下は、無駄なことをくるくるやっているような気がしてなりません。

日産自動車時代に読んだ『トヨタ生産方式』には、「動き」と「働き」の違いが書いてありました。例えば、牛が歩いているのは、動きです。しかし、牛が何かモ

ノを引っ張ったら、これは働きになります。「忙しい」「忙しい」を連発している人をよく見ていると、ただ動いて走り回っているようにしか思えないのです。端的なものが、「異常処理」です。つまり、トラブル対応やクレーム対応など、例外処理に時間を食ってしまっている。

本来、きちんと仕事をこなしていれば、お客様に納入しておしまい、という話になるのに、例えばモノが違っていたり、数が合っていなかったり。それを修復するために、お客様のところに行って謝って、また納品をし直して、と何倍もの時間がかかってしまう。しかも、こういうことが「働き」だと思ってしまっている。

どうしてこんなことになってしまうのか？ 基本的なことをしないで拙速に行ってしまうからです。例えば、お客様にもう一度確認する。検品する。送る前にチェックする。これらに三〇分かかるかもしれないけれど、これを怠ることで二日も三日もロスしてしまうということが往々にしてあるのです。

必要なのは、その仕事の本質を見抜くことです。これこそが、動きを、働きに変えるのです。納品であれば、期日に正しい商品を正しく届けること。そのために、すべきことを確実にこなす。これが、意外にできていない。

その本質を瞬時に見抜くのが、経験です。たくさんの経験を積んでいくと、何が本質かがすぐにわかるようになる。そうすれば、異常処理に時間のかかるような致命的なミスが防げるようになるわけです。

上司には経験があります。だから、ダラダラ長時間働いている部下は心配で仕方がなくなります。

仕事を終える時間を決め、自分に負荷をかけて成長させる

やるべきことをしっかり理解して、集中してやれば仕事は早く片づけられます。そして、早く片づけようという意識が、仕事をスピードアップさせ、量に対応することを可能にしていく。しかし、ダラダラと長時間働くことが当たり前になっている人は、この両方ができていません。

締め切りをしっかり自分で決めればいいのです。例えば六時に帰る、と自分で決めてしまえばいいのです。そうすれば、六時に帰ることを前提に仕事をするようになる。自分に負荷をかけるのです。これが、成長を呼び込むことになる。

例えば、部活経験者には要領が良い人が多いものです。学生時代、運動部などの

部活で忙しく、絶対的に勉強できる時間が少ないので、いろいろ工夫をしてきたからです。

五つ仕事があって、これを通常は五日でやっているなら、四日でやるにはどうすればいいか、を考えてみる。一日空いたら、何か自分にご褒美をあげることを動機付けにしてもいいと思います。

それこそ経営者になれば、もう休んではいられなくなります。そうなると、常にいろいろなものを前倒しにしておく必要があります。提出期限が五日後でも、二日前には終わらせるようなスケジュールで、私はいつも予定を組んでいました。

何が起きるかわからないからです。熱を出してしまうかもしれない。突発事態が起きるかもしれない。予備日があれば、それに対応できるわけです。

ポジションが上がれば上がるほど、その「余裕」を持たなければいけなくなります。のんびりダラダラと残業する、などということはできなくなっていくのです。

ダラダラ残業する人は、仕事のできない人。海外ではこうした見方は当たり前のようになっています。日本にもじわじわ浸透してきていると思います。

22 相手の立場にどのくらい立てるかを意識する

意外にできていない「メールは結論から」

部下の「仕事力」について、上司は結果だけを見ているわけではありません。ちょっとしたことでも、仕事力は見えてきます。

例えば、どのくらい相手の立場に立てているかは、メールひとつでわかります。

最近はリモートワークもあってメールでのやりとりが増えました。しかし、そのマナーが良くない人もいます。例えば、ダラダラと長い文章を書いてくる人。また、いくつも添付ファイルがついていて、何度もクリックしないと結論がわからないメールもある。

読む人の立場に立ってみると、こんなことはまずできないでしょう。

相手の立場に立てる人は、結論から書きます。メールのタイトルにも、一番伝えたい結論が書かれています。仮に長い文章や添付ファイルがついていたとしても、ここまでは読むべきで、後は必要であれば参照程度に読めばいい、ということが明記されていたりする。そうすれば、最短の時間で必要なものを読むことができます。

あるプロジェクトについての報告がメールで来たとします。最初に知りたいのは、青信号か赤信号か、です。つまり、順調なのか、遅れているのかを知りたい。次に、上司が何かサポートをしないといけないのか、その必要はないか。そして、詳しい進捗状況についてすぐに読むべきか、後で読めばいいか。添付ファイルがついていたら、私は問題あるなら読みますが、順調なら読まないと思います。

また、読みやすいように要点を箇条書きにするのが良いと思います。ダラダラ長い文章は避けるべきです。

一通のメールが受け手の人の時間を奪うのは、わずかな時間かもしれません。しかし、たとえ一通につき一分でも、一〇〇通であれば一〇〇分。一〇〇〇通なら一〇〇〇分になる。大変な時間です。

本当に必要な人に、必要な情報だけを、最短で見られるようなメールを送っているか。きちんと読み手を意識することが大切です。

それこそ、これができている人は、他の場でも気遣いができる人だと思います。

会食で隣の人のビールのグラスが空になりそうなら、サッと注げる人だと思います。

先の先まで常に考えている部下に、上司は敏感に反応します。

顧客とは「ファーストコール」を受ける関係を目指す

お客様とのやりとりにおいては、こういう関係はいいなぁ、と思える経験を私自身、持っています。

日産自動車時代、社内公募で異動したのが、財務部だったのですが、取引先のある銀行の担当者から、こんなふうに言われたのです。

「ファーストコールを受けることを目指しています」

つまり、何かわからないことがあったり、誰かに相談したいときに、真っ先に電話がもらえるような関係を作る、ということです。

実際、私はこの担当者に本当にお世話になりました。わからない金融の専門的なことについて、何度、電話を入れたことか。それこそ自分の上司や同僚に聞く前に、この担当者に電話して、いろいろな情報をもらいました。

とても基本的なことなどを、同僚や上司などに聞きにくいものです。そういうときには、私に恥をかかせないように、さりげなく他の仕事のファックスに交えて質問の答えを送ってくださったり。

当時は、いくつもの銀行とお付き合いがありましたが、ファーストコールをするのは、もっぱらこの担当者でした。それだけ信頼していました。当然、取引も拡大していくことになります。

この担当者は、その後社長秘書や要職を歴任して、昇進していかれました。

さまざまな取引先がある中で、ファーストコールがもらえるほどの信頼関係が、お客様とできているか。それは、部下の仕事力を知る重要な情報のひとつだと私は思います。

それこそ、信頼関係を接待で作り上げたのは、昭和の時代の話。今や、いかにお客様の役に立てて、いかにお互いのウインウインが図れるか、という時代です。

「ファーストコール」は、とても大切なキーワードだと思います。

上司に何かあったら、常に「ファーストコール」される部下を目指さなくてはなりません。

23 チームとして成果を追いかける姿勢を持つ

情報は、できるだけオープンにして共有する

上司はポジションが上がれば上がるほど、リスクを背負い込むことにもなります。それは、現場から離れていく一方で、上司に上げられてくる情報がきれいに加工されたものになっていくからです。いわゆる「裸の王様」になってしまうのです。

例えば、現場しか持っていない情報がいくつかあっても、そのうちの都合のいい情報だけが「報告書」として上げられることも少なくありません。上司として、そんな報告ばかりを受けていたらどうなるか。それが現場の姿だと勘違いしてしまうことになるのです。

このとき、報告をする側が会社全体の利益を求めて情報を判断しているならあまり問題はないのですが、もし自分の利益だけを考えていたとしたら……。

しかし、実際にこういうことはよく起こりえます。

例えば、ある部門の部門長が自分の部門を守るために、都合の悪い情報はオープンにしないということはよくあることです。情報をクローズにすることで、上司や他の部門長がつけいってくる隙をなくすのです。

残念なことに、人間性が足りない人が部門長になったりすれば、自分の〝城〟を守ろうとして、こうした意識が働くことが少なくありません。自分のやり方に対して否定されたくない気持ちが強いのです。

しかし、これは会社全体にとって大きなリスクを抱えることになります。

これは部下個人に置き換えても同じです。常にチームや会社全体としての成果を追いかけること。

そのためには、できるだけ情報をオープンにすることが大切なのです。

自分だけが知っている情報を、どのくらいチームや会社と共有できるか。オープンにして、みんなで成果を分かち合えるか。それは、とても大切な姿勢だと私は思います。

そして、そうした個人が集まったチームは、究極のチームプレーができる、優れた組織になると思います。

上司が持っていない情報を、意識してみる

上司の立場に立つと、有益な情報は多ければ多いほどいいわけです。何かの意思決定や判断をするときに、間違った判断をするリスクが小さくなるからです。ですから、上司の知らない情報は、できる限りオープンにしてほしいと上司は考えています。

実際、上司が見えていないもの、気づいていない視点を知らせてもらったら、その部下に感謝をします。普通、今起こっている現場やお客様の情報は、部下のほうがよく知っています。

それこそ私自身は、何か意思決定をするとき、その期日ギリギリまで、情報を集める努力をしていました。できるだけ現場の人の声も聞いたし、時間があれば直接現場を見に行くこともありました。

上司はそこまでしてでも、最善を尽くしたいと考えているのです。

最近、転職が増え、新卒から同じ会社で経験を積んでマネジメント職になったわけではない人も増えてきています。中途採用で、ある程度のポジションをまかされることになると、できるだけ情報がほしいと思っているはずです。

そもそも圧倒的に現場のことを知らないわけですから、現場情報に飢えているはずです。部下は、そうした上司の弱みを補完してあげることができる存在なのです。

これと同じように、他の部門の情報や、人脈を持っている部下は、上司に極めて重宝されます。

私自身、日産自動車ではいろいろな部署にいましたので、その経験が大いに生きました。多くの他部門の情報や人脈を、私は持っていたからです。

上司が持っていない情報を手に入れられるように努力する。

「まかせたい」と言われる部下になるために、ぜひ取り組んでみてほしいことです。

そのときには、他部門の同期の存在はとても重宝します。

24　上司がしてほしいことをイメージする

基本的なルールを、外から来た上司は知らない

他の会社から転職してきたり、まったく違う部署から異動してきた上司には、圧倒的に情報が足りていないものです。

ビジネスそのものについては、それほど心配はないのですが、意外に基本的なことで足をすくわれたりすることがあります。

実際、私は転職してある会社のマネジメント職に就きました。同じポジションでも、会社によって、慣習上できること、できないことは、さまざまだったりするのです。

例えば、新幹線で出張に行くときは、グリーン車を使って良いのか。ホテルはどんなレベルがふさわしいのか。

こういうことが、会社によってバラバラなのです。しかも、まわりも遠慮してお

かしいと気づきながら教えてくれないケースもあります。これが余計に、困ってしまうのです。

実際、こんなことがありました。出張が決まって、新幹線とホテルの手配をお願いしました。それまでの会社で定宿にしていたホテルをお願いしたのです。値段がとんでもなく高いわけではありません。私自身も贅沢《ぜいたく》するつもりはなく、このくらいなら問題ないだろう、と判断しました。

思い返せば、指示したときに、アシスタントがちょっと口ごもっていたような印象はありました。ただ、否定的な言葉は返ってきませんでした。

ところが、出張から戻ってから、問題が起こりました。総務の担当者から、批判めいたことを言われたのです。どうして、あんな贅沢なホテルに泊まったのか、と。

私自身、悪いことをしたとは思っていませんでした。

聞けば、この会社には、出張先に別の定宿があったのでした。いつも必ずそこに泊まっていて、前任者もそうしていた。私の泊まったホテルよりも、少しランクが下で、新幹線のパックにすれば、かなり安くなったようです。

みんなコストを削ろうといろいろな努力をしている。なのに、どうして私だけがそうじゃないところに泊まったのか、というわけです。しかし、私にしてみれば、寝耳に水です。そもそも、そんなルールを知らなかったのですから。

会社が変わると、こういうことが起こり得るのです。もしかしたら、部門間でも違いがあるかもしれません。出張に限りませんが、こうした基本的なことを、部下はぜひ、転職・異動してきたばかりの上司に教えてあげてほしいのです。

それは上司には、とてもありがたい情報になります。

キーマンや要注意人物など、「人情報」についても事実を伝える

そしてもっと重要な情報が、社内の人の情報です。例えば、誰がキーマンなのか。

それぞれの部門で、部門内に大きな影響を及ぼしているキーマンがいるものです。その人物を抜きに物事を進めたりすると、進むものも進まなくなったりする。

しかし、キーマンが誰か、などというのは、引き継ぎの書類にも書いてありませんし、もちろんマニュアルにも書いていない。組織内で、みんなが「あ・うん」の呼吸で認識しているだけです。

そういう情報こそ、外から来た上司は最も把握しづらく、困るのです。結果的に

は、仕事を進めながらそれを知っていくのですが、部下からさりげなく教えてもらえたとすれば、これは上司にはとてもありがたいことです。

キーマンのみならず、社内には要注意人物もいます。何かを話せば社内に筒抜けになってしまう人、やたらと悪口を吹聴《ふいちょう》する人、上司イジメが趣味の人……。あの人には気をつけたほうがいい、というのも、上司としては助かる情報です。

ただ、それなりの役職で異動してきたりすると、みんなが群がってゴマをすりに来たりするのが、組織の世界です。下手をすると、こうしたゴマすりの人たちと同じ穴のムジナだと思われてしまう危険もあります。

その意味では、こうした人の情報は、変な先入観を持たせないように、慎重に伝えたほうが良いかもしれません。

そして、このときも「事実」を意識することです。伝聞や噂《うわさ》、自分の感想や判断ではなく、起きた客観的事実を伝える。それをどう判断するかは、上司の仕事になります。

25 上司は最初の面談で、部下に「仮説」を立てている

個人面談は、お互いを知ろうとする場である

上司が部下と最初にじっくり話をするのは、個人面談の場だと思います。

メンバー全員を集めてただ一方的に話をするだけという上司もいるのかもしれませんが、私は基本的に個人面談をしていました。そうしなければ、部下のことがわからないからです。また、自分自身のことも、部下に知ってもらいたいからです。

上司と部下との最初の個人面談は、上司にとって部下を知る場であるだけではなく、自分をわかってもらう場でもあるのです。

その意味では、上司のことを少しでも知ろうという意識を持って臨んでもらえたら、上司はうれしいはずです。ですから上司に対して、いろいろ質問してあげることが大切です。

一方で個人面談の場は、ただお互いを理解する場、というだけではありません。このとき上司は、部下の評価を行っています。信頼できる部下かどうか、どこまでまかせられるか、どんなポテンシャルを持っているか……。

もちろん短時間ですから、部下のすべてがわかるはずはありません。実際にきちんと部下を理解するには、数カ月は最低必要だと思っています。

わずかな時間の面談や見た目では、なかなか人は判断できないという恐れを、優秀な上司は持っているはずですし、持っていないといけません。

ただ、それでもマネジメントする上では「仮説」は必要なのです。仮説がなければ、どこまで仕事をまかせるか、チーム内でどんな体制にするか、「あたり」もつけられない。

したがって、仮であるとはいえ、この面談の場で評価が行われ、見極められているということは、部下側も知っておいたほうがいいと思います。

ただ、実際にはこの仮説は外れてしまうこともあります。「コイツは大丈夫かな」と思っていた部下が、意外に頑張り屋さんだったり、その逆もあったりします。

その意味で、早い段階で結論をつけるわけではありませんが、できれば本当の姿が面談で見られればうれしいと思います。

こちらが好意を持てば、上司の反応も変わる

では、個人面談において、部下はどうすればいいのか。もちろん「コイツは優秀」と思われることはいいことですが、期待され過ぎるのも、実は問題です。ですから、あまり肩肘張らず、自然体で臨むことが大切だと思います。

そしてもうひとつ、上司に対して関心を持つことが大切です。

相手に対して好意を持っているか、敵意を持っているか、そういうことは相手には敏感にわかるものです。

敵意を向けてくる人に、信頼感を持つのはなかなか難しい。やってきた上司に対してどう思うかは人それぞれだと思います。少なくともまだ会ったばかり。この人はどういう人なのか、と興味を持って接してほしいと思います。

できれば、その新しい上司を好きになろうとしてみる。これから長く付き合うことになる人です。長所も短所もあると思いますが、できれば長所を見てあげようと

努力する。

そして好きになると、相手に何かしてあげよう、という気持ちがわき上がるものです。これには当然、上司も気づいてくれます。

いわゆる「鏡の法則」です。嫌いだと思えば、相手も好意は持ってくれない。こちらから好意を示せば、相手も好意を持ってくれる。

だから、最初の面談も、好意を持って臨んだほうがいいと思います。

そして、上司を知ろうとすることです。どんな人なのか。自分に関心を持ってもらうことは、上司もうれしいもの。

私がお勧めするのは、どんな本を読んでいるのかを尋ねてみることです。読んでいる本で人格がわかる、などと言われますが、好きな本を聞けば、人柄もつかめます。自分が読書好きというアピールにもなります。それこそ、いい「マーケティング」の方法のひとつだと思います。

もちろん、上司の趣味を聞くのも、とても話が盛り上がって良いと思います。

第4章

部下は、背伸びや無理をする必要はない

「君にまかせたい」と言われる部下の

「推進力」

「一番大事なことは、
他人から指示・指導されて事をなすのではなく、
やはり自らが望んで自分に命令をして
活動していくということ。
これが人間としての本当の活動であり、
そのことによって、
真に成長し続けることができるのだと思うのです」

鍵山秀三郎

26 自分なりの「モチベーションエンジン」を作る

やりたくない仕事なら、モチベーションを切り替えてみる

部下として信頼できて、仕事力も評価できる。そんな部下に共通しているのは、会社の「ミッション」や「価値観」をしっかり理解できている、ということです。

ミッションとは、わかりやすくいえば自分たちの存在理由は何か、ということです。企業は世の中の役に立つべき存在であり、その対価として社会から報酬を得ている。

なぜ、この仕事をする必要があるのか。何のために仕事をするのか。会社のミッションが理解できていれば、自然と仕事へのモチベーションも上がるはずです。

理想は、会社レベルだけではなく、個人レベルのミッションも持ち、それが会社のミッションとリンクしていることです。

会社のミッションは何か？　自分の仕事の目的は何か？　自分は何のために働い

ているのか？　自分のミッション（使命）は何か？　それを考えることは、あなたの仕事力のレベルを、格段に上げてくれると私は思います。そしてそれは間違いなく成果をもたらすし、上司からの評価にもつながっていきます。

自分の仕事に使命感を持つこと以外にも、部下には「モチベーションエンジン」を自ら持つ力が必要だと思います。漫然と仕事をするのではなく、必ず目標を持つべきです。それが、仕事の推進力につながっていくからです。

前にも述べましたが、私は日産自動車への入社三年目、自動車販売会社に出向してセールスを命じられました。自動車業界に入ったのはたしかですが、車の訪問セールスをやりたくて入ったわけではありません。

出向手当はありますが、いわゆる販売インセンティブは小さく、たくさん売れば、給料が上がるわけでもありません。経済的な動機はないということ。では、何がモチベーションエンジンになったのか。

私は社長賞を取る、というところに目標を据えたのです。

実のところ、一番になって出向が決まってもモチベーションが高まったわけではありませんでした。果たして自分に車が売れるのかという不安ばかりでした。

そこで、自分なりに目標を作ることにしました。絶対に自動車販売で社長賞を取ることにしたのです。この動機付けができたからこそ、社長賞を自らの推進力にすることができました。

モチベーションエンジンが見えなくなったときには、自分なりに目標を作る必要があります。何のためにこの仕事をやるのか、どんな意味があるのか、会社にどういう影響を与えるのか、さらに自分にはどんなプラス効果があるのか。

本来、仕事の動機付けはリーダーの仕事ですが、部下としても自分で確認して推進力にするべきです。

「看板」となる実績は、その後もずっと生きていく

セールスの仕事が始まって、実は私はモチベーションエンジンの大切さを改めて実感することになりました。外回りの仕事というのは、いくらでもサボれてしまう

のです。毎日同じ喫茶店でみんなで集まって、サボっているセールスマンたちばかりでした。

トップセールスを目指していた私は、世の中のあらゆるジャンルでトップの営業成績を出した人たちの本を二〇冊以上買って読んでいました。そこにあったのが、セールスの基本でした。例えば、時にはサボるのは仕方がない。しかし、サボるなら一人でサボれ、と。

私に与えられたテリトリーは営業所から遠く、狭いエリアでした。一軒一軒、飛び込みをしていくと、いろいろなドラマがありました。

競合のセールスマンが、分厚い販売マニュアルを抱えているのを見て、衝撃を受けました。そのマニュアルを順番にめくっていくと、お客様がサインをしたくなるような情報が掲載されているに違いない、と思いました。しかし、そんなものは自分たちには当時、ありませんでした。歯を食いしばって、飛び込み訪問を続けるしかありませんでした。自分なりに商談の進め方、パターンを確立していきました。

日々の頑張りで、結果的にセールスの仕事は、私にとって大きな意味を持ちました。出向者の販売記録を塗り替え、前任者の八倍、二位の三倍の実績を上げることができました。日産自動車の中で、セールスで社長賞を獲得した実績は、ずっと私について回ったのです。

このときの販売会社の社長が、後に日産自動車の常務になります。セールスで頑張った私は、この常務にかわいがってもらいました。それも、実績を出したがゆえでした。後に、社内の留学制度にパスして私はアメリカ留学を勝ち取るのですが、人事に連絡して口添えしてくださったのが、この常務でした。

私はこのときにトップセールスになったからこそ、アメリカ留学を果たすことができたのです。

そして次の職場となったコンサルティング会社でも、このセールス経験が思わぬ形で生きました。入社してみたら、まわりはMBA取得者やコンサルタント経験が豊富な同僚たちばかりでした。それこそ、知的武装にかけては、私よりも一枚も二枚も上手なのです。特に若手は極めて優秀でしたし、コンサルしか知らないので、生意気な人も多かった。

そんな若手に、戦略やマーケティングなどの議論をしてもなかなか勝てませんでした。ところが、私には彼らにはない、現場経験があった。そのひとつが、靴をすり減らしてのセールス経験だったのです。

私のセールスマン時代の話に、彼らは興味津々でした。この経験には目を輝かせて聞いてくれるのです。

希望としてセールスマンをやりたかったわけではないですが、社長賞を取るんだと燃えて挑んだ経験は、今につながっているのです。

あのとき、与えられた仕事に自分なりの目標を作り、全力集中したことは本当に良かったと思っています。

27 自分のできる範囲のことをやればいい

「一隅を照らす」姿勢でいい

ミッションはモチベーションエンジンになりますが、こんなふうに思っている人もいるかもしれません。

「たしかにミッションは立派だけど、そんな大きなことはとても自分には考えられない」「会社はミッションを大切にしているとは思えない」「社長はミッションとやっていることが違う」……。

特に若いときには、目の前の仕事がどのようにミッションとつながっているか、わかりにくいと思います。こうあるべきだ、と思っても、なかなか声が届いていかない無力感があると思います。それは、仕方がないことだと思います。

「一隅を照らす」

全体を照らそうとしなくてもいいのです。自分ができる範囲をまず照らせば良いのです。自分ができることをやる。自分ができる範囲で会社のミッションを意識し、自分の良心に従って行動する。

自分にできる以上のことをやろうとするから、フラストレーションが溜《た》まってしまうのです。だから、自分にできる範囲のことを、まず精一杯やるのです。

それこそ、フラストレーションを溜めたままでいると、「アイツはいつも文句ばかり言っている」「不満ばかりのヤツだ」なんてことにもなりかねません。そうなると、上司も信頼してくれないし、良い仕事が来なくなってしまったりしかねない。

もちろん、どうしても言うべきときには言うことにして、後は「一隅を照らす」という姿勢で臨むのです。自分のできる範囲内で最善を尽くすことを考えるのです。

会社に対して同じような疑問を持っている人たちが集まれば、何か新しい動きができるかもしれない。いろいろな可能性が、出てくると思います。きちんと見てくれている人は必ずいます。

会社を良くする方法は、いろいろあると覚えておく

私は日産自動車時代、人一倍愛社精神を持っていましたが、ソリの合わない上司

のもとでノイローゼになり、ひどい状況になったことがあります。

それでも、日産自動車を良くしたいという思いは、常に持っていました。戦後初めて赤字になった日産を改革しようと、社内改革組織である「脱兎倶楽部」を創設したりもしました。

すると、部署はまったく違うのに、「岩田、頑張れよ」と声をかけてくれたり、「○○部長に相談に行くといいよ」などとアドバイスをくれたりする人が出てきました。

社内を見渡せば、「この人は」という人はいるものです。そういう人は、ちゃんと見てくれている。私はそのときに思いました。

会社を変えたいといっても、社長のように変えられる立場にいなければできません。自分にできることは限られているのです。

ならば、自分の担当しているお客様には、こういうサービスをしよう。自分の後輩はこんな育て方をしよう。小さなところから、会社を変えていけばいいのです。

28 結果にはこだわるべきだが、成功体験にはこだわってはいけない

「結果は出なかったが、よく頑張った」は上司が言う言葉

自分の発言に対して、上司が嫌そうな顔をするときがあります。それは「不平」と取られているからです。

「不平」と「意見」は違う、ということです。

単に自分が楽をしたくて、主張するのが、「不平」。「残業を命じられた」「アイツの仕事は楽そうだ」というものです。

それに対して、この会社を良くしたい、というのが、「意見」。

部下が前向きな意見を言っているときには、上司も真正面から聞こうとします。「たしかにそれはいい考えだが、今は……」などと応じるかもしれません。

一方、不平のほうは、「お前は何を言っているんだ」ということになります。やる気のないこの程度の人間なのか、と思われてしまうかもしれない。

また一所懸命頑張ったのに、結果が出なくて上司に叱責されて、不満を持った経験は誰しもあるものでしょう。

これは、大きな勘違いをしています。なぜなら、「結果は出なかったが、よく頑張った」というのは、部下本人が言うべき言葉ではなくて、上司が言うべき言葉だからです。

当事者本人はあくまで結果にこだわらなければいけない。結果が出るまで必死になって頑張らないといけない。それでもし、結果が出なければ、「申し訳ありませんでした。結果を出せませんでした」と素直に謝らないといけない。

こうなって初めて、上司は「いや、君はよく頑張ってくれたよ」と言ってくれるのです。

プロセスを見るのは、上司の役割。それを自分から主張してはいけません。頑張った、と評価するのも上司。自分で自分を評価すべきではないのです。あくまでも結果にこだわらなくてはならないのです。

成功体験にこだわり過ぎると、進歩がない

仕事で最も気をつけなければならないのは、成功体験をしたときだと私は思っています。しかも、楽して売れてしまったり、儲《もう》かってしまったりしたときが、一番危ない。次に仕事をナメて自分を過信してしまうからです。

だからこそ、**うまくいったら「運が良かった」、うまくいかなかったら「自分の努力が足りなかった」という思考回路を持つことが大切です。**

「先輩たちのおかげで」「まわりのおかげで」「部下が手伝ってくれたから」……。そういう謙虚さがある人は、やっぱり伸びるのです。

逆に、成功体験にこだわり過ぎる人は、次にうまくいかなかったときに、ついつい環境のせい、部下のせい、お客様のせいにしてしまう。自分自身に向き合えないのです。

ラッキーな体験をすると、これがまた続くと思ってしまう人がいます。しかし、ラッキーは続かないものです。そしてそれでは、自分の中に何ら経験は蓄積されていきません。

同じ結果が出たとしても、努力して出た結果と、たまたま運良く出た結果とでは、大きく違うのです。

うまくいったとき、そのプロセスを振り返って、額に汗して得た結果なのか、それともラッキーだったのか、自分で理解しておかないといけません。

ラッキーは二度とないのです。

しかし、汗を流すことは何度でもできる。そして、それは自信につながっていく。だからこそ、王道のプロセスを追い求めていくべきなのです。

そもそも同じやり方がずっと通用するわけではありません。これこそが、成功体験の落とし穴です。

なぜなら、環境は常に変わっていきます。自分が置かれている立場も変わり、うまくいっていたものも、次はうまくいかなくなる可能性があります。

最近では、成功のノウハウのようなものを追求する若い人も多いようです。そうした安直なテクニックを記した書籍も売られている。しかし、本質的な原理原則はたしかにありますが、それは、本を読んだくらいでわかるようなものではないと思います。

小手先のハウツーではなくて、きちんと経験を積んで、苦しみながら自ら体感する。そうすることでなければ、得られないものがあると、私は思っています。

29　自分の成長を加速させるためにできる二つのこと

報告書作りを積極的にやってみる

尊敬している上司から命じられた仕事で、とても印象に残っているものがあります。それが、報告書とマニュアル作りでした。

特にその上司が細かく見るというわけではないのです。それでも、例えば出張や視察に行ったりしたら、必ず報告書を書けと言われていました。後から振り返ってみれば、それは私自身の勉強のためでした。報告書が何枚か溜まると、今度はマニュアルを作れと言われるのです。

私が報告書を書いていれば、部内の同僚たちが私と同じ体験を疑似的にすることができます。みんなのために、情報を共通化できる、ということです。

何よりも、書いている私自身が、深く理解できるのです。よく言われることですが、教えることは学ぶこと。まとめることというのは、誰かにそれを教えることです。報告書作りは、自分の理解をもう一度、確認することにつながるのです。

さらにもうひとつ、報告書を書くメリットがあります。報告書を書くことが前提になっていると、視察に行ったときに細かく見ることを意識するようになるのです。そうなると、「あれを聞いておかないと」「ここは写真をとっておこう」「もっと情報がないと報告書が埋まらないぞ」とばかりに、視察そのものが充実することになります。

それこそ、充実した報告書やマニュアルを作成するために、再度の視察に出掛けたり、電話でもう一度聞いたりしたこともありました。

報告書を書き慣れたことで、部内で情報共有するためにはどんな項目が必要なのかが、身体《からだ》に染み込んでいきました。そうすると、視察に行く前の段階ですでに埋められる項目があることもわかりました。聞かなければいけないことを、もれなくチェックしておくこともできました。

おかげで、的確な報告書が作れるばかりではなく、極めてレベルの高い視察ができるようになったのです。

研修でも出張でもいいと思います。

情報共有するための報告書を、時に指示されなくても作ってみる。あるいは、作る前提で研修や出張に行く。さらには、それらをまとめてマニュアルまで作る。これは、間違いなく仕事レベルを一段上げてくれると思います。

仕事の場以外でもリーダーに自ら手を上げる

そしてもうひとつ、自分を大きく成長させるために、自分の役職の一つか二つ上をいつも考えなさい、とよく言われます。

例えば、課長になったつもりで考えてみる。部長になったつもりで考えてみる。そうすることで、上司の仕事もイメージできるし、上司の大変さもわかるようになる。仕事の風景がまったく違って見えてくるということです。

上司の立場で仕事をするのと、何も考えないで今の仕事を続けていくのとでは、大きな差が生まれます。

いつか人の上に立つ立場になったときに、自分がやってきたことを、とにかくそのまま部下に押しつければいい、というわけにはいかなくなります。

上司の立場を意識すると、仕事に対して違った目で見られるようになります。

実際、ポジションがひとつ上がっていくごとに、見えてくる景色はまったく違うものになります。

ましてや経営トップに立ったときの視界の広さは、驚くほどだったりするのです。それこそ三六〇度、目を向けなければならなくなります。

自分の視点だけではなく、上司あるいはさらにその上の役員の視点に立って考えてみる。自分がその立場だったら、どんな判断をするのかを考えてみる。とても良い勉強になると思います。

30 上司の嫌な頼まれ方、うれしい頼まれ方

「やらされ顔」で引き受けてはいけない

私は「仕事の報酬は仕事」と思っています。仕事がポジティブなサイクルに入っていけば本当にいい流れになりますが、これがネガティブなサイクルに入ってしまうことがあります。

例えば、部下にとっては、いつもやりたい仕事、面白い仕事ばかりがまかせられるわけではありません。

「なんだよ、こんな雑用かよ」「こんな面倒なことを」「なんでオレが」……という仕事もやってくるときがある。

しかし、実はこういうときこそ、要注意なのです。

ここで、仕方なしに「やらされ顔」で仕事を引き受け、ふてくされて仕事に向かおうものなら、上司の評価は極めて厳しいものになります。そして何より、いい仕

事は回ってこなくなります。

そんな嫌な顔をするのであれば、次は違う人に頼むよ、ということになるのです。

基本的には、仕事の場というのは、学ぶ機会でもあるわけです。上司によっては、それを意図して、あえてこの部下にこの仕事を、と考えていることもあります。

いってみれば、上司は良かれと思って仕事をお願いしているのです。ところが、「やらされ顔」で、嫌々仕事に向かっていたら、上司も面白いはずがありません。

こうなったら、いつまで経《た》っても、これまでと同じような仕事、今までと変わらない仕事、下働きの仕事を頼むことになる。新しいチャレンジングな仕事や重要な仕事はまかせられそうにない、と判断されてしまいます。

最近なんだか仕事が回ってこないから、暇になってラッキーだ、などと思う人もいるかもしれませんが、これは注意したほうがいい。目の前の状況としては楽になったのかもしれませんが、三年、五年と長期で見てみると、大きな機会損失になっているかもしれないからです。

「私がやります」の一言が、上司にとってはありがたい

また、大変な仕事、面倒な仕事を同僚が振られたときに、どんな態度を見せているか、というところも、上司はよく見ています。さりげなく、手伝ってあげられるか。そういうところに気がつくようなきめ細やかさを持っている人は、私ならやはり見込みがあると評価します。

組織内の面倒な仕事をやろうとしたり、困っている人を助けてあげようとする部下は、上司にとっては、極めてありがたい、「使えるヤツ」なのです。

そしてもうひとつ、上司にとってありがたいのが、突発事態などが起きて、誰の仕事かわからないようなことが発生したときに、「私がやります」と言ってくれる人です。

大変な仕事になることが予想できたときは、上司はなかなか部下に仕事を振りにくいものです。

もちろん、信頼できる部下にまかせたいと思うものですが、優秀な部下ほど忙し

くしています。忙しい人のところに、どうしても仕事が集まってしまう。それでなくても忙しいのに、この上、頼めそうにない、ということは多い。

そんなときに、「私がやります」と言われたら、どれだけうれしいか。好感度は格段に上がります。極端な話、できた仕事のレベルはちょっと低くても、無理に頼んだからと許してしまいます。そして上司は精神的に「借りができた」と思ってくれます。

31 アイディアを生み出し、社内を通すヒント

新しいアイディアは何かと何かの組み合わせで生まれる

イノベーションをいかに生み出すか、については、ピーター・ドラッカーが面白いことを書いています。

世の中にはまったくのゼロから開発されたものはほとんどなく、ほとんどのものはすでにあるものを組み合わせたり、組み合わせを変えたりしたものから生まれている、というのです。

つまり、まったくのゼロから新しいことを考えようとしても難しい。何かと何かを組み合わせることによって、これまでになかったような新しいアイディアが浮かぶ可能性がある、ということです。

理系の人が、事務系に異動してきて、とてもいい仕事をした、といった事例は多

くあります。逆に、文系の人が技術系の職場で商品開発に携わって、面白い商品のアイディアを出した、なんてこともあります。

ほとんどの場合、既存の異なったものを組み合わせることで、新しいものができるということです。その既知と既知は、できるだけ異質なものが組み合わさることによってイノベーションが起こりやすくなります。

だからこそ重要なことは、まずはいろいろなものに興味関心を持つ、ということです。

組み合わせの素材を、幅広く自分の中にインプットしておくことが大切なのです。

できれば、そうした興味関心を問題意識にまで落とし込んでいく。そうすることによって、頭の中に刷り込む。ふっと何かの拍子にアイディアが出てきたりします。ただ知識レベルで頭の中にインプットしても、強いイメージにはならないようです。普段からこういうところがおかしいのではないか、こうしたらいいのではないか、という問題意識や仮説レベルにまですることで、深く刻み込まれます。

これは、潜在意識に刷り込まれる、ということなのかもしれません。ふと何かの拍子に何かと何かが結びついて、新しいアイディアになったりするのです。

不思議なのは、忙しいときほど、アイディアは浮かぶということです。暇なときに、ウンウンと机の前でうなっても、なかなか出てこない。ところが、忙しいときに、ポッと浮かんだりするのです。

忙しいときは、脳が活性化しているからかもしれません。いずれにしても、忙しいときこそ、新しいアイディアを考えるチャンスです。

社内に意見を通すルールや仕組みを理解しておく

何かいい意見やアイディアが浮かんでも、なかなか思うように社内で採用してもらえないことがあります。

まず、何より重要なことは、社内のルールや仕組みを理解しなければいけない、ということです。意思決定のキーマンが存在している場合もありますし、物事が上層部に上がっていくプロセスがはっきりしている会社もある。

日本の伝統的な大企業では、人事はエリート部門だといわれますが、どうしてかというと、このルールや仕組みを最も熟知できるのが、人事部門だからです。彼らは人事評価や意思決定のプロセスなどの社内の仕組みをよく知っています。

それこそ、ゲームにルールがあるように、企業にもしかるべきルールがある。しかし、それは公表されていないことも多いのです。だから、それを知ることに価値があります。

実際、なぜかあの部長が提案したものはすべて通ってしまう、という会社があります。稟議書《りんぎしょ》が回っていくと、いつもけちをつけるのはあの監査役だ、という会社があります。

ルールや仕組み、もっといえば、明文化されていないインフォーマルなシステムを、よく理解しておかないといけません。

実は私も大きな会社で部下をしていた時代、こういうことをあまり気にしていませんでした。ときおり、なんでこの素晴らしい提案が採用されないのか、憤っていたこともあります。今から思えば、社内の意思決定の仕組みを理解していなかったからだ、と思います。場合によっては、女性ベテラン秘書が鍵を握っていることもありました。ゲームのルールもわかっていないのに、どうやって戦うのか、ということです。

もちろん会社によって、さまざまだと思いますが、課長職が中間管理職として厳しい状況に置かれているところも多くあります。

課長に提案したけれど、「すまん、上に通らなかった」と謝られた経験を持つ人も、少なくないのではないかと思います。

いくら課長を通したところで、その上には行けない可能性が高い。となれば、部長に直接、アプローチすることを考える、という手もあると思います。

課長に恥をかかせない範囲内で部長にアプローチする。もしくは課長と一緒に部長にプレゼンをさせてもらう。課長はお忙しいでしょうから、と一人で部長に直談判《じかだんぱん》する、なんて方法もあるかもしれません。

できれば実際の意思決定者に根回しをすることが大切です。

会社ごとには、いろいろなルールがあります。そのルールをクリアせずに意見を通すのは、難しいと考えたほうがいいでしょう。

もちろん課長や部長が上に説明しやすいプレゼン資料にすることは必須です。そこまでやって、ようやくアイディアや意見は日の目を見る。そのくらいの意識付けや準備を持っておくべきだと思います。

32 優秀な部下には、どんなご褒美が待ち構えているのか?

仕事の報酬は仕事である

上司から優秀な部下だと思われたら、どんなことが待ち構えているのか。もしかしたら、それをイメージできていない人がいるかもしれません。

私なら、優秀な人には、問題解決を担わせるのではなく、機会を与えるようにします。問題解決とは、例えばクレーム処理だったり、トラブル解決だったり。そういうものは、普通の部下に委ねればいい。

では、機会を与えるとはどういうことかというと、例えば商品開発、新規事業の開発など、チャレンジで前向きな仕事です。

つまり、「仕事の報酬を仕事にする」ということです。面白く、勉強になる仕事は優秀な人材に委ねる。**上司が部下を優秀な人材だと判断すれば、面白い仕事をまかせるということです。**

面白い仕事をまかされて、それに夢中になれば当然、結果も出しやすくなる。そうすれば、それだけ評価や昇進のチャンスも手にできる。チャレンジングな仕事をまかされれば、成長の機会を得られる。成長ができれば、また大きな仕事をまかされる……。

このように、優秀な人はどんどんグッドサイクルを生み出せるのです。

振り返ってみれば、私の場合もまさにそうでした。例えば、自動車のセールスは私にとっては、あまりいいキャリアには思えませんでした。ところが、ここで頑張ったおかげで、留学のチャンスを手に入れられた。留学できたからコンサルに転職できた。社長のチャンスがまわってきた。セールスで実績を上げたことで、グッドサイクルに転換できました。

良い仕事の報酬は、良い仕事でやってくるのです。

ぜひ、覚えておいてほしいと思います。

第5章

部下は、上司をコントロールしてもかまわない

「君にまかせたい」と言われる部下の「上司マネジメント」

「成果をあげる組織では、
トップマネジメントが意識して時間を割き、
時には新入社員に対してまで、
あなたの仕事について私は何を知らなければならないか、
この組織について何か気になることはないか、
われわれが手をつけていない機会はどこにあるか、
気づいていない危険はどこにあるか、
私に聞きたいことは何かとじっくり聞いている」

ピーター・ドラッカー

33 上司がその上の上司にどう接しているかを把握する

丁寧な報告をしている上司は、丁寧な報告を求める

どんな報・連・相に満足するのかは、上司によってそれぞれ違います。そのためにも、上司をマーケティングしなければなりません。

そのひとつの方法として〝過剰サービス〟を紹介しました。できるだけのことをやってみて、「そこまでやらなくてもいいよ」と言われることを目指す、というものですが、もうひとつわかりやすい方法があります。

それは、上司がその上の上司に、どういう報・連・相をしているのかを、チェックしてみるということです。例えば、課長であれば、上司は部長。その部長に対して、課長はどんな報・連・相をしているのか。

私自身、長く組織で仕事をしていて、ふと気づいたことがあります。それは、上

司にゴマをする上司は、部下にもゴマをすらせる、ということです。上司に媚《こ》びる上司というのは、媚びてくる部下をかわいがるのです。

つまり、上にしていることを、部下にも求めるということです。

上司に丁寧に書類を作り、じっくりと報・連・相している上司は、部下にも同じことを求めています。逆に、ポイントだけ的確に上司に報・連・相するという上司は、部下にも「ポイントだけ言ってくれ」となる。

ですから、ポイントだけ言ってほしいと思っている上司に、丁寧に書類を作ってじっくりと報・連・相しても、残念ながら評価はしてもらえないということです。

上司を「お客様」だと思ってマーケティングを楽しむ

上司のマーケティングというと、なんだか面倒だと思う人もいるかもしれませんが、部下にとって上司は「お客様」でもあるのです。

自分の「お客様」であれば、「お客様」が何を望んでいるかを探るのは、当然のことです。

しかも、この「お客様」は大きな権限を持っています。あなたの仕事を決めたり、評価したり、異動させたりすることができるのです。さらに、たった一人しかいない「お客様」であり、この「お客様」を断ることができないのです。

ならば、できるだけ「お客様」のことをわかっておいたほうがいい。媚びを売るとか、ゴマをするとか、そういうことではありません。

ビジネス上のお客様を知ることは、とても大切なことです。

上司が求めていないことをしても、実は意味がないわけです。上司が大切にしていることに、フォーカスすればいい。

それこそ上司が求めていないことに関しては、少し力を抜いてしまえばいい。

こうして上司マーケティングを楽しんでみてほしいと思います。

例えば、課長と部長が同席する会議などは、上司をマーケティングする絶好のチャンスです。課長はどんなふうに部長に接しているか。報・連・相を、どんなふうに、どんな形でしているか。

それがすなわち、上司が部下に求めているコミュニケーションのやり方です。

上司とその上司とのやりとりを、ぜひチェックしてみてほしいと思います。

34 上司に媚びる必要はないが、自分に嘘をつく必要もない

上司だって部下に認めてもらいたいものと心得る

上司との付き合いはどうにも難しい、と感じている人も少なくないのかもしれません。媚びを売ったり、ゴマをすったりはしたくない。ただ、上司に対して「すごいな」と思うこともある。

ただ、それを口にしてしまうと、媚びやゴマすりと思われるのが嫌。同僚からもそう思われるかもしれない。それで、思っていることも飲み込んでしまう。

まず、ぜひ知っておいてほしいことは、上司も部下に承認されたい、と思っていることです。

部下は、上司から認めてもらって、褒めてもらいたいと思うものですが、上司も同じなのです。上司として認めてもらったり、褒めてもらったりしたいと感じてい

ます。いい上司だと思われたいのです。

だから、ついつい自慢話のようなことも言ってしまったりする。自分を大きく見せたくなってしまったりする。そんな上司の現実もあるのです。

だからこそ、部下も無理に身構えることはないと思います。もちろん、思ってもいないことや嘘《うそ》を言ってしまったら、これは媚びやゴマすりになるでしょうし、上司や同僚にもバレてしまうものですが、そうでなければ、素直な思いは口に出していいと思うのです。

「○○さん、すごいですね」などと。

ときどき勘違いしている人に出会うことがあります。自分は上司に一切媚びを売らないんだ、ゴマをすらないんだと肩肘を張ってしまっている。むしろ、つっけんどんに対峙《たいじ》したりする。

しかし、上司だって同じ人間です。人と接するときには普通でいいのです。それこそいいなと思うことを口にするのは、最低限のマナーではないでしょうか。マナーは、上司との間でも、あってしかるべきだと思います。

それは、本当に心から思っているなら、媚びやゴマすりとは違います。

誰かとコミュニケーションをしているとき、素敵だな、と思ったら、素敵だと口にするものでしょう。すごいな、と思ったら、すごいな、と口にする。なぜかといえば、そうしなければ、相手に自分の気持ちは伝わらないからです。

同じように上司にも、思っていることはきちんと伝えるべきだと思います。そうすることが、対人間としてのコミュニケーションの潤滑油になります。

そして見え見えの嘘でなければ、言われてうれしくない上司はいない。そういうものなのです。

自分に好意を持ち、慕ってくる部下はやっぱりかわいい

もっと自然体で上司に接していいと思います。自分が卑屈になってお世辞を言っているのではなく、自然に言葉が出てきたなら、それでいい。そして結果的にそれは、仕事をやりやすくするものになるはずです。

上司が何か冗談を言ったときに、「きっと笑ってほしいんだろうな」「ちょっと突

っ込んでほしいんだろうな」と思ったなら、返してあげればいい。友だち同士のやりとりでも、そうしているでしょう。それは、見え透いたものにはまったくならないと思います。

そして、できれば上司に好意を持ってあげてほしい。上司も人間なのです。自分に好意を持っている人間と、そうでない人間と、どちらを大切にするか。それは、やはり前者だと思うのです。

好意を持つという言葉を言い換えれば、上司として慕ってあげてほしい、ということです。

仕事のみならず、プライベートなことでも相談をされたりすれば、やっぱり上司としてはうれしいものです。何かコイツの役に立てたかな、と思える。かわいげがあるな、と感じる。

部下が想像しているほど、上司は特殊な存在ではないのです。ただの「普通の人間」なのです。

35 上司や取引先の冗談には、本音が隠されている

多くの上司が好んで使うのが、ジョークである

長く部下をやってきて、さらには上司も経験して、気づいたことがあります。それは、上司の冗談には、本音が隠れていることがしばしばある、ということです。**冗談は、意外に怖いもの、なのです。**

上司と部下の間で、冗談がやりとりされることはよくあります。ジョークは、コミュニケーションの潤滑油ですから、とても大切なものです。場も明るくなるし、楽しい雰囲気を作ることもできる。

時には「オヤジギャグ」と揶揄《やゆ》されることもありますが、多くの上司がジョークを好んで使っているのではないかと思います。

上司が冗談を言えば、その場では笑いが起きて、「そんなことありませんよ」などという空気になって聞き流されてしまうことも多い。しかし、いろいろな経験を

してくると、実はそれは聞き流さないほうがいい場合が多いと感じています。なぜなら、その冗談は意外に本気のことだったりもするからです。

こんな話を聞いたことがあります。ある人が、人材採用の面接をお手伝いすることになった。その人は実は転職で入社したのですが、ちょっとこの会社は違うかもしれない、と思い始めていたのだそうです。

そして面接のお手伝いをするために、人事部長と立ち話をしていて、「採用も大変ですよね」と質問を振ったら、返ってきたのが冗談でした。

「口先だけはうまくて、入社しても仕事をしない人間もいますからね（笑）」

その人は、内心ドキッとしたのだそうです。あまり仕事に身を入れていなかった自分のことを言っているのではないか、と。

その人事部長としては入社後の頑張りに不満があった。ただ、それを直接、面と向かって言うわけにはいかなかったのかもしれない。そこで、冗談っぽく、この場で切り返してきたのではないか、と。

取引先や夫婦、友人関係でも、冗談は怖いもの

上司をしていると、部下に言いたくても言えないことがあるものです。それを、お酒の席やちょっとした会話で、冗談にカモフラージュして言う。ブラックジョークのように見せかけて、さらりと口にする。時に上司はそういうこともするのだと覚えておいたほうがいいかもしれません。

意識の中にいつも部下に対する不満があって、でも面と向かって言うほどのことではない。それでもつい、冗談っぽく言っているという場合があるのです。

上司としては、口に出すだけで少しは気持ちが落ち着くものです。相手が気づいたか、気づいていないかは、どちらでもかまわない。ただ、口に出して言ったことに意味がある。なぜなら、それが本音だから。

お酒の席のブラックジョークで、「そろそろお前も異動するか」なんて上司が声をかけてくることがあります。「勘弁してくださいよ」と笑いながら切り返して、一同大笑い、なんてことがよくありますが、これは本音では、上司は部下を動かし

たいということなのかもしれません。あるいはそういう話が人事からきているのかもしれません。

冗談というのは、けっこう怖いものなのです。

そしてこの冗談の怖さは、上司との関係に限らないと私は思っています。取引先の冗談にも、要注意です。

「ずっと御社にお世話になってきたけど、そろそろ他にもお願いしちゃったりして」

などと担当者から冗談が飛び出したときには、本当に他社とコンタクトを取っている可能性があると見たほうがいいと思います。

いきなり他の会社と取引を始めたことがわかったりすると、感情的にももつれるかもしれない。そこで冗談でジャブを飛ばしておく。そんな意図があるのかもしれません。火のないところに煙は出ないのです。

言いづらい本音を冗談めかしてほのめかす。ジョークにして、ぼかして伝える。

ブラックジョークで強めに言う。こういうことを、人は無意識に、時には意識的にするものだと思います。
これは仕事の場だけではなく、夫婦関係から友だち関係まで、人と人とのコミュニケーションの場すべてにいえるような気がします。

冗談は、意外に怖い。注意深く聞いておく必要があります。
まずは冗談も実は本音かもしれないと、聞き流さないことが大切です。

36 上司への進言は、人を選ばないといけない

いい話はみんなの前で、悪い話はこっそりとする

上司のマーケティングを楽しみなさい、と書きました。そもそも上司との関係が良くなれば、部下としての自分には大きなプラスになるからです。

組織に所属することが心地良くなることはもちろんですが、上司が自分の仕事を応援してくれるようになる。結果を認めてくれるようになる。

部下から見れば、上司をうまく使って、いい仕事ができるようになるのです。

そして時には、上司をうまくコントロールしてもいい。それが、会社全体をより良くすることになります。

もちろん、それがわかっている部下は、上司にさまざまな進言をすることになります。中には、上司にとって「これはありがたい」と思える進言もあります。また

一方で、カチンとくるような進言もあります。

この進言は、慎重に行わなければ、良かれと思ってしたことが、後で大変なことを引き起こしかねません。

まず、進言の場に気をつけるということ。上司を褒め称《たた》えたり、上司が誇らしく思える話なら、例えば会議の場など、みんなの前で伝えることはまったく問題がありません。むしろ、そうしたほうがいい場合もあります。

しかし、上司が困るような話の場合はどうか。これは、別の場所でこっそり行わないといけません。

会議の最中に「これは言っておかなければいけない」と気づいたとしても、「でも、今言ったら上司の顔をつぶすことになるかもしれないぞ」と思ったなら、その場では言わず、会議が終わった後、「ちょっと課長、よろしいですか」などと二人での時間を持つようにすべきです。

私の失敗は、日産自動車時代に、会議中に上司に難しい質問をしてしまったことでした。取引先の経営を指導する部署で、指導先に経営理念やミッションの大切さを指導していたところだったので、「私たちの部署のミッションは何でしょうか」と突然大勢がいる部内会議で質問したのでした。

課長は答えに詰まり、明らかに困惑していました。いってみれば、みんなの前で恥をかかせてしまったのです。

誰もが行きたがらなかったような部署への異動が命じられたのは、その数カ月後でした。本当はどうだったのかはわかりませんが、そのことが原因で飛ばされたのかもしれません。

しかし、明らかに当時の私には配慮が足りませんでした。我が部にミッションがあるのかと会議の場で上司をつつくのではなく、後で二人きりで、自分の疑問として聞いてみれば良かった。ところが、それだけの知恵が当時はありませんでした。

いい話はみんなの前。悪い話や難しい話はこっそりと。ぜひ覚えておいてほしいと思います。

誰にでも進言をするべきではない

進言といえば、もうひとつ、誰にでも進言をすればいいというわけではない、ということにも注意が必要です。

上司の誰もが進言を好意的に受け取ってくれるわけではありません。「何、生意気を言ってるんだ」と反発する上司も間違いなくいます。相手を選ばなければいけないということです。

人を選ばずに進言をしてしまったときには、ひどい目に遭うこともあります。

ある部署に異動した時のこと。私は若かったし、やる気に燃えていました。この新しい部署をもっといい部署にする、と考えたのです。

最初の上司は良かった。いろいろな話を聞いてくれて、「それをやってみろ」と言ってくれました。ところが、上司が異動して、別の上司に替わったのです。この上司に同じように進言したところ、空気は一変しました。

この人はエリート街道を歩んできた人で、明らかに〝上から目線〟がありました。

こんな部署に来てやったんだという雰囲気があった。そこに、私の進言です。「お前みたいな若いヤツが何を言っているんだ」とばかりに、生意気なヤツだとレッテルを貼られてしまったのです。

この後私はこの部署でイジメに近い状況に遭い、ノイローゼのような状態になってしまうのです。その原因は、進言すべきではない人に進言してしまったことだったのではないかと思っています。

進言は、相手を選ばないといけない。進言してもいい上司か、慎重に見極める必要があります。

37 合わない上司は、敬して遠ざける

どうしてもウマが合わない上司がいる場合は、二年間我慢する

ひどい上司はどの会社にもいます。部下の手柄を取る。失敗を押しつける。上に媚びて出世する……。部下はひどい目に遭います。

そこでその上司に刃向かったところで、実はどうなるわけでもない。疎んじられて、それこそ飛ばされてしまったり、目の敵にされて窮屈な日々を送ったりするようなことにもなりかねません。

そこまでいかなくても、どうにも自分とはウマが合わない、という上司もいます。そんなことを言うべきではない、人にはできるだけ合わせるべきだ、という考え方もあるかもしれませんが、私はそうは思いません。

残念ながら、合わない人は合わないのです。どんなに努力したところで、どうに

もウマが合わない人は、世の中にはいるのです。それを認めるしかない。にもかかわらず、無理をして、合っているかのようにふるまおうとすると、精神的に大きな負荷がかかってしまいます。

やっぱり自分には嘘はつかないほうがいいときもあります。

では、自分と合わない人が運悪く上司になってしまった場合には、どうするか。

私のアドバイスは、シンプルです。我慢する、ということです。

日本の多くの企業では、三年ほどで異動があるものです。自分も異動することを考えると、せいぜい重なるのは二年ほどであることが多い。つまり、この二年間だけ、我慢するのです。そうすれば、いずれ上司か自分が異動するはずです。

無理をして、合わせようとしないほうがいい

私自身、経験があるのですが、難しい上司の部下になってしまったときは、とにかく無理はしないほうがいいと思います。

真正面からぶつかっては結局、玉砕してしまうことになります。

部下は絶対に上司には勝てないのです。なぜなら上司は人事権を持っているからです。それでも刃向かえば、仕事もしにくくなり、ついにはその組織や会社にいづらくなります。こうなれば、精神的にどんどんダメージを受けていきます。

だからこそ、ちょっと引くことが大切だと思います。引いて眺めてみたり、考えてみたりする。上司と自分との関係を、できるだけ客観的に見るのです。

そうすれば、ここで楯突《たてつ》いたところで、自分には何ひとついいことはないということに気づけます。

先に、上司も人間、できるだけ好意を持って対応してあげてほしい、それは上司にも伝わるから、と書きましたが、残念ながら、そうではないときもあります。

正直なところ私自身、上司が嫌いになったら、どちらかというと顔に出てしまうタイプなのです。ただ、それでは関係が良くなるはずがありません。

そこでわかったのが、「**敬して遠ざける**」ことでした。思いは消すことができない。近づいたら思いは顔に出てしまう。ならば、わざわざ近くに寄ることはないのです。嫌な思いをしに行く必要はないのです。

遠くにいれば、嫌だという思いが強まることはない。だから遠ざけておくのです。

同時に、少しでも長所を見つけようとします。合わない上司にも、長所は間違いなくあるはずです。それを探してみる。上司として、優れた面を見つけようとしてみる。

これだけでも、上司とのさらなる関係悪化は避けられると思います。

38 ひどい上司には、反面教師として学ぶ

上司との関係を、楽しんでしまえばいい

ひどい上司に当たってしまった場合、とても辛《つら》いものです。しかし、辛い辛いと思っているだけでは、何の解決にもなりません。しかも、上司を異動させるわけにはいきません。

そこで私が考えたのは、それこそゲーム感覚で楽しんでしまうことでした。

上司との関係を、深く考えず、ゲームだと思ってしまう。

そうすると、すっと肩の力が抜けていったことがあります。そして、せっかくだからゲームを楽しんでしまおう、と思うようになっていったのです。

例えば、ひどい上司の下についたのなら、どのくらいひどいのか、なぜひどいのか、じっくり観察してみる。

考えてみれば、もしかしたらこの先、こんなにひどい上司とは会えないかもしれ

ないのです。そうであるなら、自分が上司になるときのことも考えて、反面教師として勉強をしておく、くらいに考えるのもいい。

上司を観察して、「なるほど、こういうことをやってはいけないのか」「こんなふうにしたら部下はやる気を失うのか」など、反面教師として学んでしまうこともできるわけです。

実際に私は、そんなふうに考えることで、あるひとつの発見をしました。

それは、弱みというのは、実は強みの延長線上にある、ということです。強みを過剰使用してしまうことによって、それが弱みに変わってしまうのです。

例えば、カリスマ的なリーダーシップがあることは大きな強みです。しかし、これが行き過ぎるとワンマンや独裁、傲慢と言われてしまいかねない。

また、人の言うことをよく聞いてくれる、というのも強みのひとつです。ところが、これが行き過ぎてしまうと優柔不断になる。なかなか決めてくれない、と部下から呆《あき》れられかねない。

強みと弱みとは、表裏の関係なのです。

ぜひ上司ウォッチングを楽しんでほしいと思います。

になるだろう。

例えばゲーム感覚で、上司の弱みだと思えることの源流を探ってみるのです。そうすれば、上司の意外な強みが見つかったりする。弱点を裏返すと、長所だったりするわけです。嫌に思えたことが、実はその人の長所だったのかもしれないのです。そしてそれは、大いに参考にすればいいものだし、上司の尊敬する部分として認めてもいいと思います。もしかしたら、そんなところから、上司との関係改善の突破口が見つかるかもしれません。

人間の弱点は、強みの近くに実はある

人の弱点や短所は強みや長所の近くにある。例えば、ホームランバッターは、その多くが自分の大好きなコースを持っているものです。いってみれば、自分のツボがある。私にも一箇所あります。インコースのベルト付近のボールです。

ここに来れば、ボールは本当によく飛びます。普通のボールの一・五倍は飛ぶのではないかと思います。だから、ホームランになる。

しかし、このホームランボールのコースのすぐ近くに、苦手なコースも持ってい

るのです。だから、コントロールのいい優秀なピッチャーは、ここを狙います。微妙にホームランコースを外せば、打ち取れることがわかっているからです。

そしてバッターは、ホームランボールが来たと思って力が入り大振りする。ところが、微妙にずれていて打ち損じてしまう……。

人間というのは、自分の得意なことや好きなことでこそ、墓穴を掘るもの、なのかもしれません。

お酒好き、ゴルフ好き、お金好き……。落とし穴は意外なところに潜んでいます。

もしかしたらソリの合わない上司も、そこに落ちた可能性がある。そんなふうに思えれば、上司もちょっと違った目で、見られるのではないかと思います。

後は上司を心の中で、上から目線で見ると気が楽になります。

「今日機嫌が悪いのは、奥さんとケンカしたから……」

「最近イライラしているのは、もうすぐ異動のシーズンだから、子会社に飛ばされるのを恐れているのかなー」

などと人物観察すれば良いのです。

39 外国人の上司を持ったときに意識しておくこと

口頭ではなく、読み書き、でやりとりする

私が勤務していた日産自動車は、後に経営危機に陥り、外資に支援を求めることになりました。その結果として、経営者をはじめ、多くの外国人が送り込まれてきました。

最近では、外資系企業のみならず日本企業でも、外国人によるマネジメントが増えています。社内の公用語を英語にする会社があったりして、今後は日本の会社でも、外国人の上司を持つことが、決して珍しいことではなくなるのではないかと思います。

私が初めて外国人の上司を持ったのは、コンサルティング会社から転職した日本コカ・コーラ時代でした。オーストラリア人の上司だったのですが、まず驚いたの

は、その英語でした。

私はアメリカへの留学経験も持っていましたが、そこで慣れ親しんでいた英語とはまるで違う、なまりの強い英語でした。しかも、言い回しも違った。表現が丁寧というか、どうにも遠回しなのです。もっとストレートに言ってもらってもいいのに、聞き取りにくい発音で指示が飛んできたりする。時には、よくわからないこともありました。

しかし、わからないなんて言えない。そこで当時は、アメリカ人女性の同僚にずいぶんとフォローをしてもらいました。つまり、オーストラリア英語をアメリカ英語に訳してもらっていたのです。インド人の英語も苦労した記憶があります。

学校で学んできた英語が、必ずしも通用するわけではない、という覚悟はひとつ必要だと思います。

もとよりコミュニケーションは、「質×量」で決まります。外国人上司の場合は、言葉の問題があって、どうしても「量」が減ってしまう。おまけにお互い共通の母国語で話しているわけではありませんから、「質」も悪くならざるを得ない。それをどうカバーするかを考えなければなりません。

私が取った方法は、書く機会を増やすことでした。話している言葉を聞き取るよりも、読んだり書いたりのほうが正確にできますから、できるだけ文書でやりとりするようにしていました。

今はメールという便利なものがあります。メールでのやりとりのほうが正確さが増します。何度も読み返せるし、わからない言葉は辞書で引ける。

スターバックス時代も、本社のあったシアトルとよく電話会議を求められましたが、私はできるだけメールでやりとりしようとしていました。そして、重要な会議では、必ず通訳を入れるようにしていました。

もちろん英語で完璧に会話ができれば、そのほうがいいに決まっていますが、ネイティブ並みの英語ができるのは帰国子女でないと無理です。

重要なときには、という前提ですが、時間はかかってもちゃんと通訳を通したほうがいいと考えていました。

外国人上司こそ、慎重な「マーケティング」が必要になる

もうひとつ、外国人ということで、日本人の中にはよく誤解をする人がいます。外国人には、カジュアルな服装だったり、ファーストネームで呼び合ったり、とてもフレンドリーで親しみやすい人が少なくない。

では、そうしたカジュアルな対応をこちらもしていればいいのか、といえば、必ずしもそんなことはない、というのが私の印象です。

むしろ日本以上に、上下関係がしっかりしていて厳しい上司もたくさんいますし、絶対的な権限を持っている会社もあります。基本的に上司の意見は絶対です。ノーと言えば即退場です。

パッと見の、カジュアルでフラットな雰囲気にだまされてはいけないということです。

かけてくれる上司の言葉も同様で、もちろん個人差はあるものの、フレンドリーに気持ちのいい言葉をこちらに伝えているからといって、ストレートにそれを真に

受けるわけにはいかない、と思っていました。もっともこれは、日本人の上司も同様ではありますが……。

そして外国人の場合は、日本人の上司以上にイエスマンを求め、自分の思い通りに部下が動いてくれることを喜ぶ、という印象があります。どれだけ上司に尽くせるか。それを期待している外国人上司がほとんどです。命令は絶対だと思ったほうがいいです。

ただ、勝手な思い込みは厳禁だということ。それこそ外国人といっても、世界にはいろいろな人がいます。求めているレベルは本当に人それぞれ、なのです。ここでも同じ過剰サービスから始めればいいのです。

第6章

部下は、
よく読み、
よく学ぶべきである

「君にまかせたい」と言われる部下の

「勉強法」

「学べば学ぶほど、
自分がどれだけ無知であるか思い知らされる。
自分の無知に気づけば気づくほど、
より一層学びたくなる」

アルベルト・アインシュタイン

40 自分を高め、成果を出すために一所懸命勉強する

同期の誰よりも勉強している自負があった

振り返ってみると、二〇代の私は本当によく勉強していたと思います。朝早く会社に行って、みんなが来るまで本を読んだり、英語の勉強をしていました。入社してすぐ、工場に配属になったときは、同期は麻雀《マージャン》をしたり、お酒を飲みに行ったりしていましたが、私は一人で寮の図書館で勉強していました。『トヨタ生産方式』を読んだのも、このときです。

本社に戻ってきてからも、尊敬できる上司との出会いもあって、一所懸命いろいろな本を読みました。仕事に関する高価な専門書を何冊も買ったことを覚えています。通信教育や研修などの社内教育も可能な限り希望して受講しました。朝の英会話、ヒアリングマラソン、中小企業診断士、品質管理……。その頂点がビジネススクール留学でした。

おかげで、同期の誰よりも勉強しているという自負がありました。ずいぶん頑張っていたと思います。

そのときどきの仕事で必要な本を読む

ときどき寮の部屋に同期が遊びに来たりすると、みんな私の部屋の本棚に並ぶ本を見て驚いていました。「岩田、お前、よう本を読んでるなぁ」と。

実際のところは、本を捨てられない性分で、学生時代からの本も並んでいたりはしたのですが。それでも、来る人来る人、みんなが六畳一間に置かれた大きな本棚に並ぶ本を見て、声を上げていました。

ただ、銀行に入った大学時代の先輩に、銀行の同期の勉強ぶりはこんなものではない、と教えられました。銀行は優秀な人の数も多くて競争が激しい。上司や取引先とお酒を飲んで帰ってきてから、夜中に寮でどれだけ勉強できるかで差がつくのだ、と。自分の努力は全然足りていないと実感しました。

では、どうしてそんなに私は頑張れたのか。上司に認めてもらいたい、とか、出世をしたいとか、そういうことではなかったと思います。

目の前の課題、与えられていた仕事に対して、どうすればもっといい成果を出せるか、ということを純粋に追求する。それが楽しかったのです。そのため、そのときどきの仕事で必要な知識を得るために本を多く読んでいました。

そして、いい上司に恵まれたことも大きかった。尊敬する上司も勉強熱心な人でしたから、さまざまな分野で「この本を読んでおくといいぞ」と推薦してくださる。推薦された本は素直にすぐ買って読んでいました。

その影響は極めて大きかったと思います。

41　勉強は若いうちから始めなさい

若い頃に勉強したことは、しっかり覚えている

勉強は、とにかく若いうちから始めておいたほうがいいと私は思います。なぜなら、若い頃に勉強したことは、しっかり覚えているからです。

それこそ二〇代で必死に読んだ『トヨタ生産方式』は、今でも一時間、語れと言われたら語れるほど、よく覚えています。

若い頃の勉強は、その後の基礎を作っていくのです。だからこそ、若い頃にしっかり勉強しておくことが大切になる。若い頃の勉強は、大きな貯金・財産になるのです。

最近では、キャリア志向がずいぶん高まってきていて、自分の専門分野を決めて、それについて深掘りしたい、と考えている人も少なくないようです。

しかし、二〇代当時の私は、何かのプロになろうなどと、まったく考えていませ

んでした。『トヨタ生産方式』は必死になって読みましたが、生産管理のプロになろうとしていたわけではありません。それでも一所懸命に勉強したものは、今も自分の中に残っています。

その後、購買、財務、転職してコンサルティング、日本コカ・コーラ、エンタテインメント会社のアトラス、ザ・ボディショップ、そしてスターバックスのCEO……といろいろな仕事をしてきましたが、そのときどきに、仕事に関する勉強を必死になってやっていました。

それが、後に大きく生きましたし、今でもそれぞれのエッセンスを語ることができます。

専門分野を決めて進んでいくのもひとつの考え方かもしれませんが、私はそのときどきに、目の前のことをしっかり学ぶことが、大きな効果をもたらしてくれると考えています。

そのときは、その勉強や経験が将来のキャリアにどうつながるかはまったくわからなくても、二〇年後、三〇年後に、まったく関係ないと思っていたものが、いき

なりつながったりするのです。

もし、これはやりたくないことだから、目指そうと思っている分野と違うものだから、専門分野とはリンクしないから、などと勉強しなかったら、後で後悔したと思います。一所懸命やっていたからこそ、自分の財産になったのです。

目の前の仕事に必要な勉強をやればいい

これまでいろいろな仕事をしてきて実感しているのは、**人生には、頑張っている限りにおいて本当に無駄なことは何ひとつない**、ということです。

だからこそ、そのときどきの仕事を一所懸命にやるべきだと思います。

そして、目の前で必要なことだからこそ、必死に勉強できるし、目に見える成果も出やすい。

例えば財務に異動したときには、財務関係の本を必死に読みました。仕事に直結するからです。今でも普通に金融の人たちと専門的な会話ができます。それは、自分の血肉となりました。

コンサルティング会社に入ったときには、大前研一さんの本を全部読みました。特に『企業参謀』（講談社文庫）はコンサルタントの必読書です。そして徹底的に読み込んだおかげで、コンサルタントの仕事がよく理解できました。

妙に背伸びしたりしないでいいと思います。

目の前の仕事に必要な入門書から読めばいいのです。すぐに仕事の参考にできるからモチベーションも高まるし、すぐに実際に試せる。それが評価を受けることになり、また勉強へのモチベーションが上がる。結果的に、自分の大きな財産にもなる。

経営者を目指して経営の本を読もうとする若者がいますが、正直なところ二〇代で経営の本など、そう簡単に理解できるはずがないと思います。なぜなら、経験がまだ足りていないから。また、すぐには自分で実践できないことが多いので、読んでいて面白いと感じることも少ないかもしれません。もちろん無駄にはなりませんから、読めばいいと思います。

ただそれよりも、目の前で必要なものに貪欲になることです。それを積み重ねていけば将来、経営の本であっても理解できるようになっていきます。

42 英語をマスターするために必要なこれだけのこと

モチベーションをキープする目標を定める

勉強といえば、多くの人の関心事のひとつに、英語があるのではないでしょうか。ビジネスがグローバル化している時代ですから、英語の重要性が増していることは間違いありません。

私自身、アメリカに留学もしましたし、外資系企業に勤務し、さらに外資系企業の日本法人のトップも務めた経験があります。

英語の重要性はまさに実感するところです。

まず、英語の勉強について何より大切なことは、今すぐ始める、ということです。

早ければ早いほうがいいし、若ければ若いほうがいい。若いときのほうが記憶力はありますし、それだけ長く英語を勉強することができます。短期間にネイティブな英語を話せるようになることはあり得ません。

そしてもうひとつが、英語を勉強する目的をはっきりさせることです。**英語は一朝一夕にはマスターできません。長い道のりであるという覚悟がまず必要です。**

私は二年間の留学経験を持っていますが、二年くらい留学したからといって、マスターできるような話ではないのです。ましてや日本で勉強するのであれば、五年、一〇年かかると思ったほうがいいと私は思っています。

この長期にわたる勉強のモチベーションをキープするために、はっきりした英語を勉強する目的は欠かすことができません。具体的な数値目標をしっかり定めるということです。

留学する。TOEICやTOEFLで何点取る。英検一級の資格を取得する。何でもいいのですが、明確な目標があれば、それに向かって頑張ることができるのです。

最近では、英語を公用語化する会社があったり、TOEICが七〇〇点以上なければ管理職にはなれない、といった英語力が昇進の条件になっている会社もあります。これもひとつのモチベーションエンジンになるでしょう。

しかし、こうした目標をはっきり定めることをせずに、漫然と英語の勉強をしている人が少なくありません。「なんとなくうまくなりたくて」「ＴＯＥＩＣの点数がいいと将来、何かの役に立つかもしれないから」「別に今は仕事で使わないいんだけど、できたほうがいいみたいだから」……。

しかし、この程度の動機付けでは英語は決してうまくなれません。語学の勉強は本当に大変です。ぼんやりした目的でマスターできるほど甘くはない。漠然と歩いてもゴールには近づけない、という認識が必要です。

まずは目標をしっかり決めて、その目標に一番合った勉強法を考える。それが大切なのです。

単語と時間は、嘘をつかない

もうひとつ、英語をマスターするために大切なのは、やはり単語力だと思います。実際、アメリカなどでも、子どもがしゃべる英語は、まずは単語だけです。その単語がどんどん増えていって、文法がついてくる。

妻を連れてアメリカへ留学したとき、改めてわかったのは、二人のボキャブラリー量が圧倒的に違う、ということでした。

私は留学するため、かなりの勉強をしていたのですが、妻はしていなかった。ただ、文法とかの英語力そのものは、大きな違いはなかったと思います。ところが、単語力がないために本当に苦労していたのです（私も苦労しましたが……）。

「釣りはフナ釣りに始まりフナ釣りに終わる」と言われたりしますが、英語はやはり単語に始まり、単語に終わる気がします。そして、こればかりはコツコツと覚えていくしかありません。

そして、やはり時間は嘘《うそ》をつかない。私は留学前にＴＯＥＩＣで九〇〇点を取っていましたが、現地ですらすらと英語が使えたのかといえば、まったくそんなことはありませんでした。かなり苦労をしました。

よく、ヒアリングは二〇〇〇時間、などと言われますが、根拠の有無はさておき、やはり長い時間をかけて勉強するしかないと思います。

ゴルフでもトラック一杯分のボールを打ちなさい、などと言われます。やはり何でも、ある絶対的なボリュームを超えることは重要なことです。

楽して短時間で英語ができるようになる、なんてことはまずないのだということ。

多くの時間をかける。お金もかける。その覚悟を持つことです。

一方で、モチベーションを維持するために小さな工夫もしていました。例えば私は、問題集の終わったページの角をハサミで切り落としたりしていました。そうすることで、どこまで終わったかが一目瞭然になります。そして、また一枚、ハサミを入れられるように、と頑張るわけです。このような小さな工夫は、コツコツと、長く勉強を続けるために必要だと思います。

外国人に気後れする必要はないと気づく

英語をマスターするという点で、最後に加えておくとすれば、話す相手が外国人であるということを意識し過ぎないことです。

私自身も、留学して実感したことがありました。当初、背が高くて金髪で、眼が青い。そんな西洋人がずらりと並ぶと、思わず下を向いてしまう自分がいたのです。英語でうまくコミュニケーションする自信もないので気後れしてしまった。

しかし、しばらくしてわかったことは、外国人も同じ人間なのだ、ということです。要するに、良いヤツもいれば嫌なヤツもいる。優秀な人もいれば、そうでもない人もいる。同じ人間として、堂々と接すればいいのだ、ということがはっきりわかったのでした。

考えてみれば、日本で生まれ育った私が、完璧な英語を話すなどアメリカ人も期待していません。

それこそ、来日したアメリカ人が、流暢《りゅうちょう》に日本語を話し、日本文化を完璧に理解していたら、びっくりしてしまうでしょう。彼らにとっては、日本人は外国人なのですから、うまくない英語でも充分気持ちは伝わるということです。

そのことに気づくことができれば、意外に堂々と英語がしゃべれたりするのです。

結局は話す中身のある人は尊敬されるし、そうでない人は疎んじられる。堂々と自分の意見をしっかり言えることが大切です。

もちろんボキャブラリーは豊富なほうが、より高度なことが話せます。それは日本語と同じです。

43　勉強を習慣化してしまう工夫をこらす

本を読む時間がないなら、細切れ時間を使う

毎日忙しくて勉強の時間をなかなか作ることができない、という若い人の声を耳にすることがあります。本を読む時間など、どこで作ればいいのか、と。

まず、ひとついえることは、本を読むのにまとまった時間はいらない、ということです。例えば、多くの人が電車やバスで通勤していると思いますが、そうした細切れ時間を活用すればいいのです。

スマートフォンをいじっている時間があるなら、たとえ数分でも本を読む。とにかく無駄な時間を絶対に作らない、という心がけが大切だと私は思います。

私は、常にカバンに本を入れておいて、ちょっとでも時間があれば開いて読んでいます。そうした時間を活用すれば、意外に本は読み進められるものです。

人と待ち合わせをしているとき、相手が遅れてきたらイライラするものですが、

本を読んでいたらそんな気にはなりません。むしろ、本を読む時間ができて感謝したい、くらいの気持ちになれます。

出張に行くときは、移動の時間も長いし、現地でも意外に一人の時間があります。そこで、いつも本をどっさりカバンに詰め込んでいました。出張時には本を読む、と決めていたのです。

最近はタブレット端末に本やいろいろな参考書をダウンロードできますから、あまり重い思いをしないで携帯できます。

ぜひ本を読む習慣を身につけてほしいと思います。

朝勉強して、「朝友だち」を作る

また、私がお勧めするのが、朝の時間を活用して勉強することです。会社にいつもより三〇分でも一時間でもいいので、早く行く。その時間を勉強に充てるのです。

人にはそれぞれ生活のリズムがあり、得意不得意があるのも事実ですが、もともと私は朝型でした。そこで、会社に入ったときから早めに出社することを心がけていました。そうすれば、早めに仕事も片づけられるし、静かなフロアでじっくり考え事をすることもできる。

昼間は、電話も鳴るし、「ちょっと来てくれないか」と上司や先輩に呼び止められることもあるし、なかなか落ち着かないものです。ところが、朝はそんなことはありません。

朝早く会社に行くことを習慣にしていました。

留学が決まって勉強をしなければいけなくなったときも、始業前の一時間、勉強をしていました。

もとより朝型の私は、朝に最も頭が働くのです。勉強をするのであれば、仕事に疲れた夜に勉強するのではなく、自分にとって最もいい時間にしたほうがいいに決まっています。そこで、会社に早く行って、勉強するようにしていました。

朝、家で勉強するのもいいのですが、会社でやっていたのには理由があります。

朝早い電車は空《す》いていて、電車の中でも好きな勉強ができる。早い時間に会社につくと、すでに仕事をしている人がいたりして、知り合いになれる。また、そうした人たちが心地良い刺激になって、集中できるからです。

また、こんなメリットもあります。部署や入社年次が違ったりする人、ましてや相手が管理職だったりすると、社内ではなかなか若い社員から話しかけるのは難しいものです。それが、朝まだほとんど人がいない時間には、不思議と、気軽にいろいろな人たちとコミュニケーションができるのです。

「おはようございます」と声をかけると、必ず挨拶が返ってきて、調子はどうだ、なんて話になる。就業時間内には話をする機会がない人も、話しかけてきてくれたりする。

早く来ている若手に対して、感心な若手だな、とは思っても、変なヤツだと思う人はいません。印象としても、決して悪くない。

同年代の人で「朝友だち」もできたりする。

朝早く行って勉強の時間に充てる。ぜひ試してほしい習慣だと思います。

生活リズムの中に勉強を取り込む

朝の時間を使うということ以外にも、本を読むことや勉強することを、何かの形で習慣化してしまうのも大切だと思います。

私は、書店に行くことも習慣にしています。定期的に書店に行くことで、気になるテーマの動向をチェックできます。

また、お風呂の中では、捨ててもいい雑誌を読むことにしています。そして読み終わったら捨ててしまいます。トイレの中も、もちろん活用しています。

私は、本は空いた時間に読んでいますが、寝る前の三〇分、一時間を必ず読書に充てる、という人もいます。

「団塊の世代」の言葉の生みの親であり、大阪万博を企画し、後に国務大臣も務めた堺屋太一さんは、通産省（現経済産業省）の官僚時代から、どんなに遅く帰ってきても寝る前に必ず二ページの英語の原書を読むことを習慣にしていたそうです。それを、二〇年、三〇年と続けた。早く帰ろうが、真夜中に帰ろうが、必ず読んでいたそうです。すごい人は、すごいことをやっているものなのです。

何かを習慣化し、自分の生活リズムの中に取り込んでしまうことは、極めて有効です。習慣が人を作るとはよくいわれますが、まさにその通りだと思います。

生活リズムを崩すな、と私は父親によく言われて育ちました。規則正しい生活は、実はすべての基本です。

寝る時間をできるだけ一定にして、起きる時間も同じにする。とても簡単なことですが、実際にできている人は稀《まれ》です。

誰にでもできる規則正しい生活をすることが、大きなことを成し遂げるための基本だと思います。

44　自分を高めるような本も、古典も、ハウツー本も読めばいい

無理な背伸びは、しないほうが若者らしい

本を読んだり勉強したりすることに関して、最も大きな影響を受けたのも、日産自動車時代の尊敬する上司でした。読書については、仕事に関係する本の他、その上司が勧めてくれたものは必ず読んでいました。ビジネス書以外にも、東洋哲学をはじめとした、自分の徳を高められる本でした。

最初に教えてもらったのが、伊藤肇さんの本。そして、伊藤さんの師匠にあたる安岡正篤さんの存在を知り、ほとんどの著作を読みました。その興味は佐藤一斎の「言志四録」、中国の『史記』『論語』『孟子』『大学』『小学』などの古典に広がっていきました。

尊敬している上司から勧められた本はとりあえず買うようになってから、どんどん自分の読書の幅が広がっていきました。

ただ、東洋哲学の意味が理解できたかどうかわかりませんが、年を重ねるにつれ、次第により深くわかるようになっていったのです。

若いときは、なんとなく言わんとしていることはわかるものの、ストンと自分の中で腹落ちしたりはしませんでした。明らかに経験が足りなかったのです。

最近では、若い人が東洋哲学を手に取ることも増えてきているようです。決して悪いことだとは思いませんが、二〇代や三〇代でどこまで理解できるかな、というのは気になるところです。

むしろ、まだ若いのに、わかったような気になっていたりすると、逆にこちらは心配になったりします。人生には無常観が必要だ、人生は死ぬためにあるのだ、なんて若い人に言われてしまうと、先輩としては少し困ってしまいます。

死を意識するような年齢になって初めて、見えてくることがあります。あきらめなければいけないことも出てくる。

しかし、若い人には、無限に近い時間が残っているのです。

わかったような顔で、大人のふりはしないほうが、むしろいいかもしれません。若いときには、若者らしい欲深い生き方を、していくべきだと思います。

いろいろな本を読んで人間としての深みを得る

いわゆるハウツー本は、あまり好意的な声が聞こえてこないこともあります。しかし、私はハウツー本を否定はしません。

もちろん中には、内容のない薄っぺらい本もあるのは事実ですが、そうではないものもあります。しかも、実際の自分の生活にも直接、役立てることができる。すぐに自分で試すこともできる。

例えば、時間をうまく活用するためのハウツー本を私が読んだのは大学時代でしたが、そのエッセンスは今も生きていると思っています。そんなふうに、一生役に立つ基本動作を与えてくれるようなハウツー本もあります。

資料の作成法やプレゼンテーションのスキルについてなど、まさに今の仕事に直結するハウツー本もたくさん出ています。

ハウツー本も、良書を選んで、うまく活用するべきだと思います。

私が今、若い人に勧めたいのは、古典を読むことです。

古今東西、古典といわれているものはたくさんありますが、歴史書にせよ、小説にせよ、やはり人間の根幹について語っているのです。人としてどう生きるべきかという根っこの部分を、歴史や小説を通じて学ぶことができると思います。

自分を振り返ったときに、そうした本質的な本をもっともっと読んでおけば良かった、と思うことも少なくありません。

結局、人間というものを知るということは、経営の原点でもあるのです。私は、人は「自分探し」の旅を一生続けるものだと思っています。その自分というものを知るには、いろいろな人間の姿を知っておく必要があります。

古典はそれを疑似体験させてくれます。古典を読むことで、世の中を、さらには自分を相対化して見ることができるようになるのです。

私は、世の中には古典が述べている原理原則がいくつかあって、それをいろいろな人がその人なりに言い換えているに過ぎないのではないかと思います。だったら、原典にあたるのが手っ取り早いと思います。

もちろん、では古典だけを読んだほうがいいのかというと、そういうわけではなくて、ビジネスの本も重要。肝心なことは、バランスを考えるということです。ビジネスの本が五割、古典が二割、ハウツー本が二割、趣味などの楽しみの本が一割など、いろいろな本をバランス良く読んでみることが必要です。

やはり、本を読んでいる人は深みがあります。私自身、いろいろな人と接してきましたが、やはり本を読んでいる人の発言は、地に足がついています。

もうひとつ、特に若い人に読んでほしいといえば、夢や希望を後押ししてくれる本、生きていく勇気が出る本でしょうか。司馬遼太郎さんの『竜馬がゆく』(文春文庫)は、ぜひ読んでほしいと思います。

ちなみに私は多読派ではまったくありません。一冊の本を精読するタイプです。それこそ司馬さんの小説などは、何度も繰り返し読んで元気をもらっています。

ジャンルはともかく、本を読む習慣をぜひ身につけてほしいと思います。

45 人に会うことも、大切な勉強のひとつである

セミナーや勉強会に行くときも、目的をはっきりさせておく

最近では、オンラインでもリアルでも、セミナーがかつてよりはるかに充実したものになっていて、気軽に参加できます。

飲み会や交流会など、人と会うことも大切な勉強になると私も思っています。ただ、参加すればいい、というものでもありません。まずは目的をはっきりさせておかないといけません。

仕事のスキルを高める集まり、自分のモチベーションを高める集まり、身体《からだ》を動かす集まり、同じ仕事をしている人たちとの情報共有の集まり……。

目的を意識しておくと、そのときどきのニーズによって、相手をしっかり選ぶことができます。そうすることで、確実に目的達成に近づくことができます。

ときどき、勉強のためにいろいろな人にアポイントを入れて会いに行く、という

人もいます。また、有志が集まって勉強会のようなものを開いている人たちもいます。

私個人は、あまりそれはやりませんでした。人に会いに行ったり、勉強会に出席したりする三時間と、自分で何かの本を読む三時間と、どちらが価値があるか、天秤《てんびん》にかけることが多かったからです。

もちろん、本には書いていない話を直《じか》に聞くことができたり、本では得られない情報をもらえたりすれば、それだけの価値はあります。

時間と価値を天秤にかけて、どのくらいの価値が得られるか。もしできるなら、事前にしっかり調べて、問題意識を持ってセミナーや勉強会に参加してほしいと思います。

人に会うときには、慎重に、準備をしっかりする

逆に、目的がはっきりしているのであれば、いろいろな場に参加してもいいと思います。例えば、同僚や学生時代の仲間と仕事帰りに憂さ晴らしをする。それも決して悪くないと思います。憂さが本当に晴れてくれるのであれば。

ただ、これが毎日のように続いてしまうようではやっぱり問題ですし、何のために時間を使っているのか、ということを自覚しておくことが大切です。これは憂さ晴らしで会っているのだ、と意識するということです。

目的をはっきりさせると、なんとなくダラダラ、ということも防げるのです。

セミナーも今は本当にたくさんありますが、参加して自分の行動までが変わるようなセミナーはそれほど多くはないのではないか、という印象があります。

もしかしたら、本を読めば一〇分で済む話を、二時間聞かされるだけ、なんていうセミナーもあります。あるいは企業の宣伝だけが延々と繰り広げられるものもあります。それも、バランスを見て、要確認というわけです。

最近では私にも、会ってほしいという要望をいただくことが増えてきました。

ただ、ときどき残念なことがあります。できれば、ポジティブな話をする場であってほしいのに、自分の不満を延々と語る人がいます。また、私に何をしてほしいのか、何が目的なのか、整理ができていない人もいます。

せっかくお互いに時間を共有するのであれば、そのときにしかできない話、私だからこそ聞きたい質問、これからが開けるようなポジティブな話の場にできると、お互いがハッピーだと思います。

時間は失ったら、もう取り返しがつきません。

忙しい相手の時間を大切にするという意味でも、人と会うときには、慎重に、よく考えて、しっかり準備をして行くべきだと思います。できれば相手にも何か有益な情報を提供することも、心がけてほしいと思います。

第7章

部下は、
まず人間性をこそ
高めなさい

「君にまかせたい」と言われる部下の
「人間力」

「成果をあげるエグゼクティブの自己開発とは
真の人格の形成でもある。
それは機械的な手法から姿勢、価値、人格へ、
そして作業から使命へと進むべきものである」

ピーター・ドラッカー

46 挫折をすることで、見えてくることがある

エリートの上司から、嫌がらせを受けた日々

ここまで何度も、人間性をしっかり鍛えることの大切さをお伝えしてきました。では、人間性を高めるには、どうすればいいのか。**私の場合を振り返ってみたとき、それは、挫折経験だったのではないかと思います。**

思えば私は、若い頃に何度も挫折をしていました。鼻息が荒かっただけに失敗も多かった。思いも寄らない状況に追い込まれることがありました。でも、それが自分を大きく成長させてくれたと思っています。

中でも留学前の大きな挫折で、私はほとんどノイローゼになっていました。そこから立ち直れたからこそ、今があるわけですが、あれは本当に辛《つら》かった。

日産自動車時代、非自動車部門の部署に異動になりました。異動先の最初の部長

はとてもいい上司でした。私がこの異動先で留学という目標を立てたとき、この部長は応援し、社内選考のための推薦状も書いてくれました。

ところが、次の定期異動でこの部長が異動し、次にやってきたのは、人事部から来たエリート臭ぷんぷんの人でした。

私はいきなりこの新しい部長に「この組織を、もっとこんなふうにするべきではないか」という提言を、直接ぶつけてしまったのです。それで、なんだこの生意気なヤツは、ということになったのだと思います。

しかも、すでにこのとき留学が決まっていました。部長からしてみれば、「どうしてこんなヤツを留学させるんだ」と思ったに違いありません。そこから、私に対する嫌がらせが始まったのです。

人間不信から、ほとんどノイローゼ状態になる

そのときは業務でも英語を使っていたのですが、私が辞書を机から出そうものなら、その上司はすぐにすっと立ち上がって、私の席のそばにやってくる。英語の資料を広げたときも同様でした。

もし私が就業時間中に留学のための英語の勉強をしたら、仕事をサボっていると みなして、即刻留学を取り消そうとしているのではないか、と私は感じました。留学が決まっていた他の同僚はみんな、就業時間中に勉強をしたり、中には仕事は半日で終え、残りは語学学校に行っている人もいました。私はそれどころではありませんでした。

さらに私の仕事が、どんどん増やされていったのです。直属の課長も、その部長に迎合し、まったくかばってくれませんでした。

ささいなミスで課長が私を厳しく叱責することもたびたびでした。

そして仕事はますます増えていく。後に留学するとき、私は仕事の引き継ぎをしたのですが、男性二人と女性一人の三人に引き継いだのでした。それだけの量の仕事を、私は一人でやらされていたのでした。

膨大な量の仕事をこなしながら、私は留学準備も進めなければなりません。英語の勉強もしないといけないし、ＧＭＡＴというビジネススクールに入るときに課される共通テストの準備もしなければなりません。

留学の準備がなかなか進まない焦り。毎晩、夜遅くまで残ってやらなければいけないほどの仕事量。部長や課長への不信感。そして留学を取り消されるのではないかという恐怖……。

家に帰っても、常に仕事のことが気にかかるのです。やがて、眠れない、食べられない、吐き気がする、といった症状が始まりました。一カ月ほどで四キロやせてしまいました。誰よりも妻が、私の様子がおかしくなったことに真っ先に気づきました。

そんなとき、妻が思いついたのが、部長にお歳暮を贈ることでした。そんなことをしたことはなかったし、会社でもしている人はいなかったと思います。でも、それくらいひどい状況だと妻は認識したのだと思います。結局、部長にお歳暮を贈ることにしました。しかし、それは私にとって、人生最大の汚点になりました。

泣きながら、「もう大阪に帰ろう」

お歳暮が贈られた日の翌日、部長は何も言わずに、ただ私の顔を見て、ニタッと笑ったのです。「気を遣わなくていいんだよ」やら「ありがとう」やらの言葉が飛んできたわけではない。あからさまな侮蔑の表情でした。

あのにやけた笑いを、私は一生忘れられません。後悔しました。贈るべきではなかった、と。私はさらに自分自身にものすごい嫌悪感を持ってしまいました。

誰も助けてはくれませんでした。思えばあのとき、声を上げていれば良かったのかもしれません。しかし、一人じっと耐えてしまった。心の中で叫んではいましたが、それは外には届きませんでした。今だったら誰か信頼できる先輩か、外部のコーチングに頼ったと思います。

もしかしたら、「岩田は最近、元気がないな」「何かミスが多いな」と感じていた人もいたかもしれません。しかし、私は声を上げられずに次第に壊れていくばかりでした。

もう会社を辞めようと思ったことも何度もありました。妻に泣きながら、「もう大阪に帰ろう」と言ったりしました。ありがたかったのは、そのときに妻は温かく見守っていてくれたことです。

ある日妻は、ポツリと言いました。「あなたはマンションの前に花が咲いているのに気づいている？」と。私はその一言で、ハッとしました。毎日そこを通って目にしているはずの花壇の花に気づいていなかったからです。自分はおかしいかもしれない、ということに気づくことができたのでした。

そして妻から、評判のいい精神科に通院することを勧められました。自分が精神的におかしくなっていることを認めるのは、私にはできませんでした。でも、それでも妻は受診をしてみろ、と強く言うのです。

そして嫌々、病院に予約しに行きました。しかし、数カ月先まで予約が埋まっていました。結局、予約は入れなかったのですが、病院を訪問したことが大きな意味を持ちました。

自分は病気かもしれないと認めることができたのです。

弱い立場に置かれる人の気持ちや痛みがわかる

留学の勉強がなかなか進んでいない状況の中で、一週間、留学予備校に行くのですが、その費用を出してくれたのも妻でした。当時私の給料は決して高くありません。どこで工面したのか、二〇万円が入った封筒を渡し、これで行きなさい、と言ってくれたのでした。

そしてこの予備校で、私はまたハッとさせられることになります。先生が、こう言ったのです。

「来年の今頃は、あなたたちはみんな、どこかの大学のビジネススクールに行って、キャンパスの芝生の上で寝転がっているんですよ」

ああそうだ、と思いました。一年後には、自分はここから解放されているのだ、と。一筋の光が見えた気がしました。

結果的に短期セミナーの効果もあり、また良い留学仲間にも恵まれ、第一希望のUCLAに合格することができました。

大きな挫折をしてわかったことがありました。とにかく鼻息が荒かったのが、私でした。自分に自信もあったし、そう思えるだけの勉強もしていました。

それこそ、まわりの人がうまく仕事を進められないでいると、「何をやっているんだ。どうしてできないんだ」という気持ちを持ったりしたこともありました。

大きな挫折をして初めて、人にはうまくいかなくなることもあるのだ、ということを強烈に学んだのです。

それからというもの、人に対して腹が立たなくなりました。自分はこんなに弱い人間なのに、どうして他人を責めることができるのかと。人に対して優しくなったような気がします。

47 いろいろな世界がある、ということに気づいておく

自分がいかに世の中を知らなかったか

留学をする前まで、私は日産自動車を辞めるつもりなど、まったくありませんでした。上司の嫌がらせでノイローゼになったとき、そのあまりの辛さから妻に思わず辞めようと口に出してしまったことはありましたが、本気で会社を辞めようなどと考えたことはありませんでした。

しかし、アメリカのビジネススクールに留学をしたことで、私はさまざまな生き方があるのだと、広い目で世の中が見られるようになりました。それまで、自分がいかに世の中を知らなかったか、日本で画一的な価値観に染められて育ってきたか、痛感することになりました。

一流大学を出て、一流企業に入社して、定年まで過ごす、というモデル。それはかつて、日本人にとっては目指すべき理想的なモデルでした。

ところがアメリカで学んだのは、働き方はひとつだけではない、さまざまな価値観があり、いろいろな生き方があるのだ、自分の人生は自分で切り開いていかないといけない、ということでした。

転職をして、自分のスキルを高めて、自分の選択によってキャリアを作り上げていく。そういう世界があるということを初めて知ったのです。そして結果的に、自分でキャリアを築いていったことは、自分を高める上でも大きな意味を持ったと思います。それによってとても貴重な経験をすることができました。

若い人に対して、必ずしも転職を勧める気持ちはありません。でも、いろいろな世界があるのだということを、知ろうとする努力は大切だと思います。

他社の人に会ってみるのもいい。NPOやNGOなど、民間企業以外の人たちと接してみるのもいい。

できるだけ自分と違った世界の人に話を聞いて、「こんな生き方があるんだ」「こんな働き方があるんだ」と知ることは、自分の視野だけでなく、選択肢を広げることにもつながっていきます。

旅行に積極的に出掛けるのもいい。直《じか》に人々の生活に触れるからこそ、見えてくるものがあります。そういうところから、人生の変化点が生まれてきたりします。

自分が上司なら、どんな部下を評価するだろうか?

日産自動車の退職を決断したのは、大きな組織での出世競争ではなくて、外に出て自分の実力を試してみたかったからです。何よりも経営者になりたいという夢が、日産以外のほうがかなう可能性が高いと思ったからです。

もちろん四〇代で上場会社の社長になったり、スターバックスのような一〇〇〇億円企業の社長を務めることになるとは、このときはまったく想像もしていませんでした。最終的に本当に辞めようと思ったのは、自分が所属している同じ世代の数十人が集められる管理職登用研修を受けたときのことです。課題は、自分がやっている仕事の内容のプレゼンテーションです。

私は当時、財務部門にいて何百億円単位の資金を動かす仕事をしていました。そして、ビジネススクール仕込みの、最新のファイナンス理論を説明しました。

でも、説明しながら、どんどん醒《さ》めていく自分がいました。「ネットプレゼントバリュー」といった専門用語を使いながら、果たしてどれだけの人が私の話を理解してくれているのか、と疑問を持ってしまったのです。

他の同僚や先輩のプレゼンテーションも聞きました。メーカーですから、地道な仕事をしている人も多かった。それこそ工場で、数円単位のコストを細かく管理するような経理の仕事に従事している人もいました。

それを見て、私は改めて思ったのです。

もし私が当時の日産自動車の上司なら、留学帰りで小難しいことを言っている社員と、工場経理でコツコツと丁寧な仕事で現場を支えている社員と、どっちを評価するだろうか、と。

明らかに後者だと私は思いました。当時の日産自動車はそういう会社であるはずだし、そうするべきだと。これから先、日産自動車の中で出世競争をしていくことに、意味を感じなくなっていったのでした。

自分の居場所はもっと別のところにある。そう考えるようになっていき、以前から願っていた経営者になる道を目指そうと思ったのです。そのためのステップとして、コンサルティング会社に転職をしました。

48 いろいろな仕事に、いかに意義付けができるかが問われる

タクシーの運転手さんとは、どういう仕事か?

ところで、億円単位を動かす財務の仕事と、一円、一〇円単位でコストを管理する経理の仕事。さて、どちらの仕事が重要な仕事なのか。

実際のところ、そこに答えはありません。ただ、どちらも大切なことは間違いありません。

大切なのは、それぞれの仕事に対する意義付け、だと思います。

一見、派手さはなくて地道でつまらなそうな仕事に思えて、実は極めて重要な仕事というのは、世の中にたくさんあります。

そういうことにしっかり気づけていけるかどうかも、ビジネスパーソンとして成長していく上で極めて重要なことです。

実際、管理職になり、さらに経営者になれば、地味な仕事も誰かがカバーしなければ経営は成り立たないことに気づけます。いろいろな人の小さな仕事が積み重なることによって、組織をまとめ上げることができ、会社を経営できるのです。

経営者は、さまざまな仕事の価値をきちんと理解して、部下に伝えなくてはなりません。

それぞれの仕事に意義付けをして、スポットライトを浴びせられるかどうか。その力が、リーダーには問われてくるということです。

例えば、タクシーの運転手さんの仕事を考えてみましょう。

一般的にタクシーの運転手さんの仕事は、時間が不規則だし、腰に負担があって重労働のように感じます。しかし、見方を変えるだけで、タクシーの運転手さんの仕事のイメージがずいぶん変わって見えてきます。

タクシーに乗るときというのは、どういうときでしょうか。多くの場合、困っているときなのです。急いでいる、歩ける距離ではない、ケガをしてしまった、荷物が多い……。

つまりは、人が困っているときに助ける仕事だということです。タクシーの運転手さんの仕事とは、困っている人を助ける仕事、なのです。

どうでしょうか。タクシーの運転手さんのイメージが、ちょっと変わってきたのではないですか。これが、仕事に意義付けするということです。

意義付けすることによってその仕事のミッションが見えてくるのです。

領収書を整理する仕事に、あなたは感謝をしているか？

世の中にはコーヒーショップはたくさんあります。でも、多くのコーヒーショップと、スターバックスは違います。

それは、意識の違いです。コーヒーを売って売上を上げようとしているのと、人々の心に活力を提供しようとしているのとでは、大きな意識の違いがあります。

外国のある伝統的な新聞の創業者の言葉に、「他社が扱えばスキャンダルになるが、我が社が扱うとニュースになる」と。同じ情報でも、意義付けの違いによって品格が変わるということです。

経理の仕事で、ひたすら各部門の領収書を毎日、整理し続けている人がいます。

来る日も来る日も、大量の領収書と格闘して、大変な思いをしている。どうして私がこんな作業のような仕事を、と思っているかもしれません。でも、その仕事がなければ、経費は正しく社員に振り込まれないのです。

本来なら、そうやって恩恵を被っている社員や上司が、「ありがとう。君のおかげでみんなが助かっているよ」と言ってあげないといけません。

それができていないと、担当者の不満は溜《た》まっていくことになるわけです。

いろいろな仕事に、いかにちゃんとした意義付けができるか。感謝ができるか。

これを意識して仕事をしている人と、そうでない人とでは、将来に大きな差がつくのではないか、と私は思います。つまり、自分の仕事や他人の仕事のミッションをきちんと理解することがとても大切です。

49 利益を追求するのは悪、という勘違いをやめる

利益は会社の目的ではなく、世の中を良くする手段である

格差問題や環境問題など、資本主義の弊害が見えてきたからでしょうか、最近では、若い人を中心に、企業が利益を求めることについて疑問を感じる人が増えてきています。

企業が消費者から「利益」を奪うのはけしからんじゃないか、という発想なのかもしれません。

しかし、これは根本の部分から間違っていると思います。そもそも企業は売り上げや利益を目的にしているのではありません。

「企業は利益を通じて世の中をより良くするために存在している」のです。

企業が継続するには、利益が必要です。新規に人材を雇用するにはお金が必要ですし、新商品のための研究開発や設備投資にもお金が必要です。

このときの利益は、目的ではなくて、個々の企業のミッションを実現する手段なのです。この発想を、意外に持てていない人が多いと思います。

ザ・ボディショップにしても、スターバックスにしても、化粧品やコーヒーを通して世の中の役に立つために存在しているのです。それこそがミッションです。

では、スターバックスのミッションを実現するとは、どういうことでしょうか。より多くの人に、より深い感動を与えるということです。「感動の深さ×感動した人の数」というかけ算の面積を大きくすることが、ミッションをより達成したことになるのではないかと思います。

となれば、より深い感動と、より多くの人にサービスできる機会の両方を増やす必要があります。例えばお店の拡大ばかりしていても、サービスが落ちて感動を与えられなければ、面積は大きくなりません。満足度を落とすことなく、同時に店舗も増やしていくことが重要になります。

そもそも企業の原点はミッションなのです。ミッションの実現のために企業は存在しているし、商品やサービスを提供しています。そのための手段として利益が必要なのです。

必要最小限の利益とは？

ピーター・ドラッカーも、利益は目的ではなく、手段であり、その利益は「必要最小限」を目指すべきだと言っています。当初、私は利益は多ければ多いほどいいのではないのか、とその意味がよく理解できませんでした。

ドラッカーの言っている「必要最小限の利益」とは、社員に適正な給料を支払い、株主に適正に還元し、お客様に適価で商品を提供し、次の商品開発への投資ができるようにするために必要な利益のことです。

ドラッカーは、ほとんどの企業はその「必要最小限の利益」にも達していない、と言っています。

企業が利益を出すことは重要です。事業を通じて世の中をより良くする企業活動を、継続して行わないといけないからです。では利益だけを求めればいいのかといえば、それもまた間違っています。

企業の理想の姿は、NPOにある

私は、企業の理想の姿は、NPO（ノン・プロフィット・オーガニゼーション／非営利組織）にあると思っています。社員が仮に三億円の宝くじに当たって一生遊んで暮らしていけるとしても、それでも働きたいと思えるような会社を作ることが、私の理想です。

最近では、社会起業家やソーシャル・アントレプレナーという言葉がよく聞こえてくるようになりました。社会の役に立つ事業を展開し、社会変革を起こす。しかし、実はこれは極めて難しいことです。素晴らしいビジネスモデルと、優秀な人材がいなければ成り立ちません。

ザ・ボディショップの創業者のアニータ・ロディックは、それまでの化粧品業界のあり方に疑問を持っていました。女性が常に不安を抱くように仕向けるビジネスが行われていて、それは道徳に反しているのではないか、と考えていたのです。

そこで「嘘《うそ》をつかないビジネス」を目指しました。彼女はこう語っています。

「あらゆるビジネスが『女性』の考え方、すなわち愛、思いやり、直感といった資質で動かされれば、計り知れない改善がもたらされるでしょう」

アニータは、「事業を通じて社会変革すること」をミッションに、行動指針（ｖａｌｕｅｓ）を作っていきました。化粧品の動物実験反対。フェアトレード。セルフエスティーム（自分らしさを大切に）。人権尊重。そして環境保護。そして、これを貫いて事業を展開し、多くの女性に支持を受けて、ビジネスを大きく拡大させていったのです。

私は、アニータの考え方にとても共感しました。化粧品や企業活動を通じてまさに世の中を良くするためのビジネスを、アニータが行おうとしていたからです。

私は講演などで、ザ・ボディショップの話をすることもあります。あるとき講演で、日本を代表する大企業の副社長の方が、さっと手を上げて、こう言われたのです。

「社会貢献などは建前で、企業はやっぱり利益追求すべきでしょう」

私は、あっけに取られてしまいました。日本を代表する企業の、しかもCSR担当役員です。本当にがっかりしました。

その会社のHPを見ると、企業理念では立派なことを書いています。消費者を大事にします、と宣言もしている。しかし、私は思いました。これも「建前」なのではないか、と。企業の目的は利益を上げることに決まっているではないか。社会貢献なんてものは建前に過ぎない。そう言いたかったのでしょう。結果、何が起こったのか？　その会社は三代連続で社長が粉飾決算をしていたのでした。

CSRに力を入れている企業が増えていますが、私はこの言葉が好きではありません。コーポレート・ソーシャル・レスポンシビリティ。つまり企業の社会的責任という言葉には、本当はやりたくないけれど仕方なしにやる、というニュアンスがあるように思えるからです。

もとより自分たちの事業そのものが、社会貢献であるはずなのです。それこそが、企業の存在理由なのです。

事業を通じて世の中をより良くするのが、企業のはずなのです。企業の事業自体がＣＳＲになっているべきなのです。

例えば、より少ない原料で良いモノを作ることができれば、それ自体が社会貢献です。社会の資源をうまく使っているわけだからです。

ザ・ボディショップは化粧品を通じて、スターバックスはコーヒーを通じて世の中に貢献しているのです。

あなたの会社も、必ず何らかの形で世の中に貢献しているはずです。その活動を継続するために利益が必要なのです。

50 明日は今日よりもいい自分になる

リーダーを経験することで、人間力は鍛えられる

人間力を高めること、企業のミッションを理解することと並んで、もうひとつ、ぜひ若いビジネスパーソンに取り組んでほしいのが、リーダーに手を上げる、ということです。

将来、社長になりたいのであれば、小さな子会社でもいいので、早く社長になるのがいい、と私は思っています。何も会社の中だけがリーダーシップを学べる場所ではありません。

ボランティアのリーダーに手を上げてもいい、少年野球のコーチをやってもいい、住んでいるマンションの管理組合の理事長でもいい。

リーダーを経験することは、人間力が鍛えられることであり、組織活動の本質を理解することにもなるからです。

特に営利活動を目的としないNPOなどのボランティア組織では、こうしてほしい、と命令をしたところで、人はそう簡単には動いてはくれません。どうすれば動いてもらえるか。そこで問われるのが、チームや組織の存在理由、つまりミッションです。

さらに、人の心を引っ張るリーダーの人間的魅力やリーダーシップ。あの人があんなに頑張っているのだから、私もやってみよう、と思われる率先垂範力などが必要になります。

では、リーダーに試される人間力とは何か。結局、「徳」を高めることです。私利私欲ではなく、みんなのためにやっているという「無私」を持つことです。

もちろん、私利私欲ゼロで行動するなどというのは、簡単なことではありません。あの孔子ですら、七〇歳になってようやく欲との戦いから逃れられたと言っているほどです。しかし、だからこそ、常日頃から意識することが大切になるのだと思います。

できるだけ私心をなくして行動する。社会や組織のために頑張る。それが、結果

的に多くの人を引きつけることになり、組織を動かすことにつながるのです。

お金では満足は得られない

人の欲望で最もわかりやすいのは、お金に対する欲望かもしれません。しかし、立派な経営者はお金を目的にしていません。

経営者の中には、年収が一〇億円などという人もいます。個人の金融資産が数千億円という人もいる。もし、働く原動力がお金だけだったとしたら、彼らのように働き続けることはできないでしょう。

実際、立派な経営者は、本当に大きなミッションを持っていることがほとんどです。今の世の中の役に立つ、どころではない。孫正義さんのように一〇〇〇年後の日本を良くするために頑張りたい、というミッションを持っている経営者もいます。これは到底、簡単には達成できないミッションです。だからこそ、巨額の収入や資産があったとしても、まだまだ頑張ることができるのだと思います。もしお金が目的であるならば、一生かかっても使い切れないだけのお金を得た瞬間に、もう誰も働かなくなるでしょう。

別の言い方をすれば、世の中に大きく役に立てるというのは、お金を稼ぐということ以上に、より大きな満足を得られる醍醐味《だいごみ》があるということです。それが、働き続けるモチベーションになっているのです。

もちろん、お金を求めない聖人君子になれ、などとはまったく思いません。お金を求めてもいい。でもそれを最終目的にしないことです。

ザ・ボディショップの創業者であるアニータは、二〇〇七年に亡くなった後、遺言により個人資産数百億円をすべて寄付しました。

私はアニータの考え方に共鳴する一方で、アニータの真似《まね》はできない。大きな無力感も感じます。

しかし、少なくとも同じ方向に向かっていこうと思っています。アニータの目指したものと同じ方向に向けて少しでも努力をするということが大切なのだ、と思います。

明日は今日よりもいい自分になる。その気持ちを、大切にしたいと思っています。

51 迷いや悩みは決してマイナスのものではない

人は努力する限り、迷うものだ

日々、目標を持って頑張っていても、人は悩みます。まわりとの人間関係がうまくいかなかったり、自分の至らなさに恥ずかしくなったり、無力感に苦しんだり、仕事がなかなかうまくいかなくて頭を抱えてしまったりします。

そうすると、悩んでいる自分に、また悩んでしまったりします。まわりの頑張っている人を間近に見たりすると、こんなところで立ち止まっていてもいいのだろうか、とまた悩んでしまう。

私も、よく悩んでいました。そんなときに励みになったのが、文豪ゲーテのこんな言葉でした。

「人は努力する限り、迷うものだ――」

努力をしているからこそ、迷うのです。ただ問題意識もなく、漫然と生きている

人は悩んだりしません。

立ち止まって迷うこと、考えることは、決してマイナスではないと思います。悩み、迷っているときは、人生をブレークスルーしようとしているときです。もっといえば、一皮むけようとしているときです。だから、それはむしろ、いいことだと思います。

うまくいっている人を見ると、何の問題もなくうまくいっているように見えるものです。しかし、実際には、そんなことはありません。どんな成功者だって、迷い悩んだ時期が必ずある。うまくいっても、迷い悩んでいる。

会社を上場させたりすると、大金を手にし、人からうらやましがられることもあります。しかし、社員も増え、株主も増え、問題点も増え、それだけ悩みも増えるのです。

だから、それに立ち向かえるだけのパワーが起業家には必要です。よし、オレはやってやる、という意欲を持たなければならない。それを後押ししてくれるのが、世のため、人のためというミッション（使命感）だと私は思っています。

信じている道に向かって努力している姿そのものが成功である

人間は本当に死ぬ瞬間まで、自分の人間性を高める努力を続けるべき存在なのだと思います。その過程自体が、人生の目指すべき価値だと思います。偉くなるとか、裕福な人生を送るとか、そういうことはまったく関係ない。

長期的に見れば、自分が信じている道に向かって、一所懸命努力している姿こそが、人生の成功だと私は思います。

私自身を振り返ってみても、そう思います。留学が決まって、実際に渡米するまで苦しんだ日々。よく頑張ったと思います。毎日毎日足を棒のようにして歩いたセールスマン時代。よく頑張ったと思います。

結果云々《うんぬん》ではない。振り返ってみれば、実はその頑張ったこと自体に価値があったのではないかと思います。

その過程で、本当に努力したし、人間性を高めることができた。それこそが、長い目で見れば人生の一番の財産だったのではないかと思います。

部下として、苦しい日々もあるかもしれない。しかし、それも自分にとっては、かけがえのない経験です。一歩一歩、前進しているのだ、と受け止めてほしい。これでいいのだ、と納得してほしい。

そしてまた顔を上げて、さらなる上を、目指してほしいと思います。その強い意志こそが、「君にまかせたい」と言われる部下を、さらには「ついていきたい」と思われるリーダーを、作ってくれると思います。

おわりに

「あなたが飛行機に乗っていると、墜落の危機に見舞われます。あなたは、誰を後継者に選びますか」

これは、外資系企業などで行われている、「飛行機テスト」というものです。

私自身はこのテストを受けたことはなかったのですが、その答えはいつも持っていました。

では、どんな人を選ぶのか。端的にいえば、その企業の価値観をしっかり持った人です。

思えば私自身、スターバックスのCEOに迎えられたとき、前任者のフィリピン人女性CEOに言われました。あなたはスターバックスの価値観を持っている人だから、私は選びました、と。私自身、ザ・ボディショップの私の後継者はまったく同じ思いで選びました。

しかし、後継者選びで間違いが多いのは、上司と同じスタイルを持った人を選ぶことです。しかし、同じやり方でずっと同じことをしていたら、組織やチームとしては進化はありません。

重要なポイントは、価値観は同じだけれど、やり方、スタイルは違う、ということです。やり方や考え方、戦略などはまったく違ってもいい。むしろ違ったほうがいい。

私なら、そういう部下を選びます。その組織のミッションや価値観を深く理解して、自分なりのスタイルを持っている。こういう部下を、上司は後継者として後を託すべきだと思います。

尊敬する上司であればあるほど、部下は上司に染まっていってしまうもの。もちろん同じ価値観に染まるのは、上司にとってもありがたいことですが、すべてを上司と同じにする必要はまったくありません。

同じ価値観を持っているけれど、自分とは違う可能性を持っている。そういう部下こそ、上司はまかせたい、という気持ちになります。

改めて自身の経験を振り返ってみると、上司との関係というのは、本当に大切だと感じます。

いい上司に恵まれたら部下は本当にラッキーで、いい仕事もでき、学ぶことも多いと思いますが、逆のパターンもあります。自分で上司は選べないのです。

私も理不尽な経験があります。留学後に社内の同期と比べて、私の昇進がなんと二年遅れていたのです。

日産自動車のような日本的な企業で昇進が二年も遅れるということは、長期にわたり会社を休んでいるとか、不正でもしたりしない限り、こんなことはあり得ません。

ただ、留学から戻って一所懸命に仕事をしていると、それまではほとんど面識のなかった次長が、仕事ぶりを見て、まったく異例の三階級特進をするように関係者を説得してくださったのでした。これで、ようやく遅れを取り戻すことができたのです。

ひどい上司もいれば、こういう人もいる。上司に納得がいかない、評価が低いからと、腐って仕事をサボるようなことをしていたら、リカバリーはできなかったと思います。

やはり大切なことは、部下としてやるべきことをきちんと誠実にやることです。そうしたら、見てくれている人は、きっといるのです。

この原稿を書いているちょうど今、現在の自分の礎を作ってくれた日産自動車時代の上司と食事をしてきました。

「あの頃の岩田は、とても純粋だった。よく言えば問題意識が高い、悪く言うと文句が多い若者だった。電車の広告を見て、『「ついていきたい」と思われるリーダーになる51の考え方』を買って読んだら、あの頃とまったく同じ岩田が書かれているので、心がとても温かくなった」と言っていただきました。

またありがたいことに、日産自動車の社内研修で講師をやってほしいと頼まれました。私としても恩返しのつもりで、一所懸命、新任の管理職のみなさんにお話をしたいと思っています。

部下として無我夢中に頑張った日産自動車時代。昨日よりは今日、今日よりは明日、さらに成長しようと走り続けました。大きな夢を持って、必死に背伸びしながら頑張る。それを上司たちは、温かく見守ってくださった。それは部下である若者の特権であり、義務のような気がします。

「君にまかせたい」と言われる部下が、たくさん現れますように。本書が、わずかでもその一助になれば、幸いです。

二〇一三年五月

岩田松雄

本書は二〇一三年五月に小社より出版された同名タイトルの単行本を加筆修正し、文庫化したものです。

サンマーク文庫

「君にまかせたい」と言われる部下になる51の考え方

2021年9月10日　初版印刷
2021年9月20日　初版発行

著者　岩田松雄
発行人　植木宣隆
発行所　株式会社サンマーク出版
東京都新宿区高田馬場2-16-11
電話 03-5272-3166

フォーマットデザイン　重原 隆
本文DTP　山中 央
印刷・製本　中央精版印刷株式会社

落丁・乱丁本はお取り替えいたします。
定価はカバーに表示してあります。

ISBN978-4-7631-6128-4　C0130

ホームページ　https://www.sunmark.co.jp